Le droit de la péréquation financière

GRALE

Le GRALE (Groupement de Recherche sur l'Administration Locale en Europe) est un groupement d'intérêt scientifique (GIS), rattaché au CNRS, et fondé sur un contrat de quatre ans renouvelable associant au Centre national de la recherche scientifique plusieurs institutions ou entreprises : les universités Paris-I - Panthéon-Sorbonne, Reims - Champagne-Ardenne – CRDT, et Lille-II - Droit et Santé – CERAPS, l'Institut d'études politiques d'Aix-en-Provence, l'Assemblée des Régions de France ; le conseil régional d'Île-de-France, Électricité de France, le Centre national de la fonction publique territoriale, et d'autres institutions ou entreprises, en fonction des projets.

Le GRALE, qui réunit une quarantaine de centres de recherches et institutions scientifique nationales et internationales, a pour mission de promouvoir des recherches sur les collectivités locales, l'action publique territorialisée et des problèmes juridiques qui s'y rapportent. Il trouve sa raison d'être dans le réseau dense et diversifié des équipes de recherche ou associations scientifiques des diverses disciplines qu'il contribue à entretenir et à stabiliser. Ce réseau forme la base de l'Observatoire national de la décentralisation mis en place par le GRALE en 2004 en partenariat avec le ministère de l'Intérieur, et qui continue son activité de manière indépendante.

Le GRALE est également au centre d'un réseau international associant des chercheurs de plus de trente pays.

Contact : Université Paris I – 9, rue Malher – 75181 PARIS Cedex 04
Tél. : 01 44 78 33 44 – Mel : grale@univ-paris1.fr
Site : http://grale.univ-paris1.fr

Dernières parutions

Thomas ALAM et Marion GURRUCHAGA (dir.), *Collectivités, territoires et santé. Regards croisés sur les frontières de la santé*, 2015

Nadine DANTONEL-COR (dir.), *Les politiques publiques locales de sécurité intérieure*, 2015.

Danielle PERROT (dir.), *Collectivités territoriales et organisations régionales. De l'indifférence à l'interaction*, 2014.

Gérard MARCOU et Jacques FIALAIRE (dir.), *Trente ans de la fonction publique territoriale. Contradictions et adaptations*, 2014.

Matthieu Houser

Le droit de la péréquation financière

Fondement et pratique

Préface de Gérard Marcou

L'Harmattan

Du même auteur

Les finances publiques aux concours, La Documentation française, 2013.

Les fondements du budget de l'Union européenne – Tome I, EskaÉdition, 2011.

Les dépenses et les ressources du budget de l'Union européenne, Tome II, Eska Édition, 2011.

L'intervention de l'État et la coopération entre communes, L'Harmattan, 2009.

Responsable des publications du GRALE et maquette:
Maud Lesueur
contact : maud.lesueur@laposte.net

5-7, rue de l'Ecole-Polytechnique, 75005 Paris

http://www.harmattan.fr
diffusion.harmattan@wanadoo.fr

ISBN : 978-2-343-05979-2
EAN : 9782343059792

Sommaire

Abréviations

ACSE	Agence nationale pour la cohésion sociale et l'égalité des chances
AN	Assemblée nationale
ANRU	Agence nationale pour la rénovation urbaine
APA	Aide personnalisée à l'autonomie
C.	Constitution
Cons. const.	Conseil constitutionnel
CE	Conseil d'État
CET	Contribution économique territoriale
CFE	Contribution foncière des entreprises
CFL	Comité des finances locales
CGCT	Code général des collectivités territoriales
CGET	Commissariat général à l'égalité des territoires
CGI	Code général des impôts
CIF	Coefficient d'intégration fiscale
CNSA	Caisse nationale de solidarité pour l'autonomie
CVAE	Contribution sur la valeur ajoutée des entreprises
DATAR	Délégation interministérielle à l'aménagement du territoire et à l'attractivité régionale
DCTP	Dotation de compensation de la taxe professionnelle
DDU	Dotation de développement urbain
DFM	Dotation de fonctionnement minimal
DGF	Dotation globale de fonctionnement
DMTO	Droits de mutation à titre onéreux

DPU	Dotation de péréquation urbaine
DNP	Dotation nationale de péréquation
DSC	Dotation de solidarité communautaire
DSR	Dotation de solidarité rurale
DSU	Dotation de solidarité urbaine
DSUCS	Dotation de solidarité urbaine et de cohésion sociale
EBM	Équipements et biens mobiliers
EPCI	Établissement public de coopération intercommunale
FCDR	Fonds de correction des déséquilibres régionaux
FDPTP	Fonds départemental de péréquation de la taxe professionnelle
FIP	Fonds intercommunal de péréquation
FMDI	Fonds de mobilisation départementale pour l'insertion
FNGIR	Fonds national de garantie des ressources individuelles
FPIC	Fonds de péréquation des ressources intercommunale et communale
FSRIF	Fonds de solidarité des communes de la région Île-de-France
FEDER	Fonds européen de développement régional
FSE	Fonds social européen
FEADER	Fonds européen agricole de développement rural
FEAMP	Fonds européen pour les affaires maritimes et la pêche
FNP	Fonds national de péréquation
FSE	Fonds social européen
IFER	Imposition forfaitaire sur les entreprises de réseau
IGAS	Inspection générale des affaires sociales
IGF	Inspection générale des finances

IRFR	Indication de richesse fiscale des régions
LPA	Les Petites affiches
NUTS	Nomenclature des unités territoriales statistiques
OCDE	Organisation de coopération et de développement économique
ODAS	Observatoire national de l'action sociale décentralisée
PCH	Prestation de compensation du handicap
PFIA	Potentiel financier agrégé
QPC	Question prioritaire de constitutionnalité
RFAP	Revue française d'administration publique
RFDA	Revue française de droit administratif
RSA	Revenu de solidarité active
SGCIV	Secrétariat général du comité interministériel des villes
TIPCE	Taxe intérieure de consommation sur les produits énergétiques
TIPP	Taxe intérieure sur les produits pétroliers
TP	Taxe professionnelle
TSCA	Taxe sur les conventions d'assurance
VRTS	Versement représentatif de la taxe sur les salaires
ZFU	Zone franche urbaine
ZUS	Zone urbaine sensible

Préface

Les réformes de la décentralisation qui se sont succédé depuis le début des années 1980 ont été accompagnées par une augmentation régulière du volume des dépenses publiques, soutenues par une évolution de leurs ressources, et notamment de leur fiscalité. Jusqu'au début des années 2000, la France a été l'un des pays d'Europe où les collectivités locales avaient le pouvoir fiscal le plus important, après les pays nordiques et la Suisse, et la structure de leurs ressources était dominée par les ressources tirées de la fiscalité propre. La contrepartie de cette autonomie financière a été l'existence de profondes inégalités de ressources entre les collectivités locales, surtout au niveau communal, en raison de l'inégale distribution de la matière imposable. Mais ces inégalités ont été accentuées par les transferts de compétences et l'augmentation des dépenses publiques locales qui en a résulté. Depuis le début des années 2000, on a assisté à une érosion progressive du pouvoir fiscal des collectivités territoriales, jusqu'à la suppression, en 2010, de la taxe professionnelle, laquelle a été compensée par le transfert d'autres ressources fiscales, mais sans pouvoir fiscal (sauf, de manière résiduelle, sur la contribution foncière des entreprises, affectée au « bloc communal »). Désormais, les ressources des collectivités territoriales sont dominées par des participations à des impôts d'État et des transferts budgétaires. La décentralisation juridique a donc masqué une réduction massive de l'autonomie financière, malgré la consécration de celle-ci par la révision constitutionnelle de 2003. Mais ce recul de la fiscalité propre, principales sources d'inégalités, ne s'est pas accompagné d'une réduction significative de celles-ci.

La péréquation trouve donc dans ces évolutions des justifications nouvelles, mais on pourrait aussi penser qu'elle devrait être facilitée par l'évolution de la structure des ressources des collectivités territoriales.

Pourtant, comme le montre Matthieu Houser, les réformes récentes des finances locales, et en particulier la réforme de 2010 (suppression de la taxe professionnelle et spécialisation de la fiscalité locale), ont au contraire aggravé les inégalités de ressources entre les collectivités territoriales. Il est d'autant plus urgent d'y remédier que la contrainte budgétaire conduit l'État à réduire les dotations aux collectivités territoriales, et que cette réduction touche aussi les collectivités les plus pauvres.

C'est dire que le livre de Matthieu Houser vient au bon moment. Il nous rappelle que la péréquation a, de longue date, dès le début du XIXe siècle, inspiré des réformes de la fiscalité locales ou des dotations de l'État. Mais elle n'a pas toujours visé à réduire les inégalités de ressources. Cette vocation redistributive de la péréquation est assez récente et elle a donné lieu à une multiplication incroyable de dispositifs, de portée locale, départementale, régionale ou nationale, ces derniers étant les plus importants en volume, mais dont les effets réels sont difficiles à apprécier en raison, également, de leur instabilité. Matthieu Houser en fait un inventaire complet et critique, sachant aller à l'essentiel sans se perdre dans les détails techniques qui en masquent la dimension très politique.

Car la péréquation est devenue une question très politique, à mesure que l'urgence de solutions adéquates se fait davantage sentir. Doit-elle être redistributive ou incitative ? Jusqu'à quel point faut-il corriger les inégalités ? Jusqu'à quel point faut-il remettre en cause les situations historiques qui ont été « cristallisées » par certains mécanismes de transfert, au niveau national, mais aussi dans certains mécanismes locaux de péréquation et qui en neutralisent en réalité les effets ? La péréquation doit-elle être horizontale ou verticale ? Fondamentalement, la péréquation se traduit toujours par des critères d'attribution qui visent à réorienter les ressources vers certaines collectivités. Sans surprise, ceux qui s'estiment victimes défendent d'autres critères et défendent leurs intérêts. Ainsi, la péréquation est-elle d'autant plus mal acceptée par les « donneurs » que les transferts sont transparents et font appel à la « solidarité ». La péréquation verticale est pour cette raison mieux acceptée que la péréquation horizontale, dès que des montants importants sont en jeu ; en Allemagne, la péréquation horizontale entre les Länder n'a été sauvée, au lendemain de l'unification de l'Allemagne, que par une augmentation globale de la part du produit de la TVA allouée aux Länder et sur laquelle la péréquation horizontale (au profit de l'Est) devait être financée. Le livre de Matthieu Houser nous guide dans l'analyse et la compréhension de la problématique des multiples indicateurs et formules qui servent à calculer les montants alloués. À notre connaissance, une telle analyse d'ensemble n'avait pas encore été produite, et ce n'est pas l'un des moindres mérites du livre, qui met à la portée du lecteur non spécialiste, avec beaucoup de pédagogie, des dispositifs dont la complexité décourage souvent les plus curieux.

Enfin, le livre de Matthieu Houser apporte de riches matériaux comparatifs à la compréhension de la problématique de la péréquation. La péréquation, en effet, n'est pas un problème français ; il se rencontre dans tous les pays du monde. Les États fédéraux sont sans doute les premiers confrontés à sa nécessité, mais les exemples des pays nordiques ne sont pas moins intéressants. Mais il faut se méfier des comparaisons trop globales ; le niveau de la péréquation dépend beaucoup de la nature des fonctions à financer. Plus les compétences sont étendues, plus il est nécessaire de fonder la péréquation sur des indicateurs de besoins plus complexes, et de viser une égalité d'accès aux services publics, alors qu'en France une grande partie des dotations attribuées aux collectivités territoriales correspondent à des compensations de ressources fiscales et enregistrent donc les inégalités de richesse que celles-ci reflétaient.

Au moment où d'importantes réformes du système français d'administration territoriale sont en cours, le livre de Matthieu Houser aidera son lecteur à déchiffrer les implications financières de ces réformes et à former son jugement.

Gérard MARCOU

Professeur à l'université Paris 1 Panthéon-Sorbonne
École de droit de la Sorbonne
Directeur du GRALE

« La péréquation de l'impôt est dans l'ordre économique ce que la quadrature du cercle, la trisection de l'angle, la duplication du cube sont dans les mathématiques[1]. »

1. P.-J. PROUDHON, « Péréquation », *in* : *Grand dictionnaire universel du XIXe siècle*, tome XII, éd. Administration du grand dictionnaire universel, 1874, p. 598.

INTRODUCTION

Essor des dispositifs de péréquation. – Depuis la loi de finances pour 2010 du 30 décembre 2009[2] réformant la fiscalité locale, les fonds de péréquation (valeur ajoutée, droits de mutation à titre onéreux, Fonds de péréquation des ressources intercommunale et communale) ne cessent de se développer. Chaque loi de finances devient un nouveau lieu d'arbitrage[3], les fonds sont modifiés, les critères également sans que l'on sache précisément les conséquences financières réelles de toutes ces modifications incessantes[4]. Ce phénomène pourrait, au premier abord, constituer une spécificité française, pourtant il n'en est rien, tous les États connaissent des mécanismes comparables de péréquation.

La péréquation, phénomène commun à tous les États. – Aborder la péréquation financière entre entités infra-étatiques dans un État ne constitue pas une matière aride, mathématique, applicable d'un État à un autre. L'histoire, la culture, l'économie, l'organisation politique et

2. Loi nº 2009-1673 du 30 décembre 2009 de finances pour 2010, *JO* du 31 décembre 2009, p. 22856.

3. Voir M. Houser : « Les nouveautés de la loi de finances pour 2014 », *JCP A*, 27 janvier 2014, p. 6-8 ; « Les mesures du projet de loi de finances pour 2013 intéressant les collectivités territoriales », *JCP A*, 19 novembre 2012, aperçu rapide ; « La péréquation, objet de toutes les attentions de la loi de finances pour 2012 », *AJCT*, janvier 2012, p. 4-6.

4. L'Inspection générale des Finances (IGF), dans un rapport de 2013, estime par ailleurs que « compte tenu des incertitudes concernant l'évolution des ressources des collectivités territoriales, la mission n'a pu procéder à une évaluation prospective », *Enjeux et réformes de la péréquation financière des collectivités territoriales*, juin 2013, p. 2.

juridique de chaque pays[5] expliquent la particularité des mécanismes de péréquation financière et la difficulté de remédier aux inégalités territoriales.

Par exemple, si au sein de l'Allemagne, le Land de Berlin est le principal bénéficiaire de la péréquation[6], en France, l'Île-de-France, au contraire, s'avère être la première région contributrice à la solidarité financière, malgré des inégalités intra-territoriales très fortes[7].

L'Italie, quant à elle, se trouve fortement marquée par les difficultés anciennes et récurrentes du Mezzogiorno. La péréquation canadienne repose de son côté sur la particularité des ressources naturelles (forêt, gaz naturel, mines et hydroélectricité) qui fondent, en partie, la richesse de certaines provinces, mais dont les ressources d'une année sur l'autre s'avèrent très variables[8].

5. R. HERTZOG, « La péréquation dans les finances locales : à la recherche d'un régime juridique », *in* : *La péréquation financière entre les collectivités locales*, PUF, 1996, p. 202.

6. P.-B. SPAHN, « Les partages de ressources entre l'État et les collectivités secondaires : le cas de la République fédérale d'Allemagne », *RFAP*, nº 144, 2012, p. 1076.

7. Comme le rappelle l'étude d'impact du projet de loi sur la modernisation de l'action publique territoriale et d'affirmation des métropoles du 9 avril 2013, « alors que le Val-d'Oise a un potentiel financier par habitant de 570,51 euros, celui des Hauts-de-Seine s'élève à 1 008,56 euros en 2012. Par ailleurs, le niveau de richesse des populations qui vivent dans ces départements est très variable. À titre d'illustration : – 1,28 % de la population des Yvelines bénéficie du RSA, trois fois moins qu'en Seine-Saint-Denis ; – 75,04 % des logements en Seine-Saint-Denis sont occupés par des personnes qui bénéficient des APL, deux fois plus qu'à Paris ou dans les Yvelines ; – Le revenu moyen par habitant en Seine-Saint-Denis est plus de deux fois inférieur à celui de Paris ou des Hauts-de-Seine ».

8. J.-T. BERNARD, *Le programme canadien de péréquation : fondements, réalisations et défis*, L'idée fédérale, Réseau québécois de réflexion sur le fédéralisme, décembre 2012, 17 p.

Autre exemple, la Belgique, avec la Wallonie et la Flandre, constitue également une spécificité, car la péréquation doit s'effectuer, en partie, entre ces deux régions. À cet égard,

> « la Wallonie a été [pendant longtemps] une région contributrice en Belgique par rapport à la Flandre plus débitrice, et ce pendant 135 ans. Depuis 1965, soit 45 années, sa position s'est inversée, elle est devenue débitrice. Cette inversion sert d'argument à la Flandre pour revendiquer plus d'autonomie, reprochant à la Wallonie débitrice de freiner son développement »[9].

L'approche économique. – L'existence d'une politique de péréquation dans la plupart des États s'avère presque logique et renvoie, en réalité, à un problème global, à savoir la répartition des ressources entre personnes publiques au sein d'un même territoire, théorisée par R. Musgrave en 1965[10] et W. Oates en 1972[11]. Cette approche, dite du fédéralisme financier[12], cherche à étudier la distribution des ressources fiscales dans une optique d'efficacité économique optimale. Ce courant doctrinal s'est depuis lors considérablement étendu avec l'essor de la nouvelle économie géographique, qui étudie la répartition de l'activité sur les territoires[13].

---

9. « Il est vrai qu'actuellement, le niveau de développement économique de la Flandre est supérieur à celui de la Wallonie, mais comparativement aux autres régions européennes, l'écart est relatif. En effet, selon les données les plus récentes, sur une échelle qui varie de 24 (Nord-Est de Roumanie) à 303 (Londres), le PIB/habitant de la Flandre est de 115 et celui de la Wallonie de 84 », M. Quevit, « La solidarité territoriale entre la Flandre et la Wallonie : les fondements économiques, politiques et culturels de la problématique », 2011, Presses de l'ISMEA, p. 1927-1966.

10. R.-A. Musgrave, *Essays in fiscal federalism*, The Brookings Institution, Washington, 1965.

11. W.-E. Oates, *Fiscal federalism*, Harcourt, Brace, Janovitch New York, 1972.

12. R. Hertzog, « Réflexions sur le fédéralisme financier », *RFFP*, n° 80, décembre 2002, p. 85-102.

13. M. Crozet et M. Lafourcade, *La nouvelle économie géographique*, La Découverte, coll. « Repères », 2009, 125 p.

De cela découle un questionnement sur l'influence de la localisation des activités sur les ressources d'une personne publique par le biais de l'impôt, c'est-à-dire *in fine* sur sa capacité à créer des services publics. Apparaît alors le concept de péréquation, qui provient du latin *perequaere* signifiant égaliser, impliquant la recherche d'une certaine égalité entre personnes publiques, afin que les habitants puissent bénéficier de services publics sur l'ensemble du territoire dans des conditions similaires. Cette problématique se rapproche de la logique de l'aménagement du territoire.

L'approche de l'aménagement du territoire. – Selon la définition traditionnelle d'E. Claudius-Petit, ministre, à l'époque, de la Reconstruction et de l'Urbanisme,

> « l'aménagement du territoire est la recherche dans le cadre géographique de la France, d'une meilleure répartition des hommes, en fonction des ressources naturelles et des activités économiques »[14].

Inévitablement, cela inclut les ressources financières des collectivités territoriales, même si d'autres outils ont pendant longtemps été privilégiés tels que le contrat de plan État-région, les fonds européens ou encore les politiques de subventionnement[15]. Progressivement, le législateur rapproche la question de l'aménagement du territoire de la péréquation. Preuve en est avec la loi du 4 février 1995[16] qui innove, selon J.-L. Albert, par le fait que « la nouveauté réside dans

14. *Pour un plan national d'aménagement du territoire*, Communication en Conseil des ministres, février 1950, *in* : DIACT, *40 ans d'aménagement du territoire*, La Documentation française, 3e éd., 2006, p. 10.

15. B.-H. NICOT et R. PRUD'HOMME, *L'impact des subventions aux collectivités locales sur l'aménagement du territoire*, Rapport à la DATAR, Créteil, 1994, 128 p.

16. Loi no 95-115 du 4 février 1995 d'orientation pour l'aménagement et le développement du territoire, *JO* du 5 février 1995, p. 1973.

la prise de conscience du législateur que "le développement équilibré du territoire de la République" nécessite une réduction des écarts de ressources entre les collectivités locales »[17].

Cependant, comme l'atteste le dossier de la DATAR publié en 2004 au sein de sa revue *Territoire 2020* intitulé *Aménagement du territoire et péréquation* (n° 10), la rencontre entre ces deux politiques publiques se trouve désormais clairement avérée. L'extension de la place de la péréquation au sein des politiques publiques explique qu'elle devient un objet scientifique saisi par les sciences politiques et juridiques.

L'appropriation de la péréquation par les sciences politiques. – Comme l'indiquent deux politologues, D. Beland et A. Lecours, « le fonctionnement politique des arrangements fiscaux représente une dimension qu'il ne faudrait pas négliger »[18]. À cet égard, la péréquation n'est pas seulement le fruit d'une logique économique ou d'un instrument créé par le législateur, mais également le résultat d'une succession d'événements, d'où la possible analyse théorique par le biais de l'institutionnalisme historique. À cette approche politiste s'ajoute la construction d'un objet juridique concernant la péréquation en raison de l'essor de manifestations juridiques à son égard.

La construction de l'objet juridique « péréquation ». – L'utilisation du terme « péréquation » n'apparaît pas comme étant systématique. Le législateur utilise soit ce terme[19] soit celui de « solidarité finan-

17. J.-L. ALBERT et J.-L. PEREAU, « De l'inégalité, pour préserver ou restaurer l'égalité : les nouveaux instruments financiers et fiscaux de l'aménagement du territoire », *Revue de géographie de Lyon*, vol. 70, n° 2, 1995, p. 146.

18. D. BELAND et A. LECOURS, « Logiques institutionnelles et politiques publiques : le programme de péréquation d'hier à aujourd'hui », *Politiques et sociétés*, vol. 29, n° 3, 2010, p. 3.

19. Loi du 15 mars 1941 sur le fonds national de péréquation, *JO* du 16 mars 1941, p. 1182.

cière »[20], sans finalement qu'en découlent des conséquences juridiques. Cependant, au-delà de cette incertitude sémantique, saisir la péréquation par le prisme du Droit invite à dépasser une simple étude des règles juridiques pour comprendre comment les finances publiques, en tant que « science carrefour »[21], peuvent comprendre sa mise en œuvre. Cette approche théorique semble d'autant plus importante que penser la péréquation revient à définir la nature de l'État. Pour G. Marcou, « la péréquation est l'expression financière de la solidarité qui est indispensable à la cohésion de la société et à la stabilité de l'État »[22].

Aussi, quel choix d'organisation politique, mais également administratif implique une politique de péréquation ? Quels sont les principes à respecter lors de sa mise en œuvre ? Selon le type d'organisation politique d'un État – unitaire, fédérale, régionale – peut-on dresser une classification sur l'efficacité d'un système au regard de la péréquation ? L'égalité n'étant pas forcément naturelle, on pourrait penser qu'un État unitaire serait susceptible d'offrir une plus grande égalité en termes de ressources publiques entre territoires. Cette réalité élude pourtant rapidement deux contraintes auxquelles sont confrontés les États fédéraux, à savoir, l'existence d'une dépense publique plus importante au niveau des États fédérés qu'au sein des collectivités territoriales dans un État unitaire et surtout la nécessité

---

20. Loi n° 96-241 du 26 mars 1996 portant diverses dispositions relatives aux concours de l'État aux collectivités territoriales et aux mécanismes de solidarité financière entre collectivités territoriales, *JO* du 27 mars 1996, p. 4663.

21. P.-M. GAUDEMET et J. MOLINIER, *Finances publiques*, 7e éd., Montchrestien, 1996, p. 20.

22. G. MARCOU, *Les régions entre l'État et les collectivités locales. Approche comparative de cinq États européens à autonomies régionales ou constitution fédérale (Allemagne, Belgique, Espagne, Italie, Royaume-Uni)*, Ministère de l'Intérieur, Centre d'études et de prévision, janvier 2003.

de conclure des arrangements entre États pour que la fédération fonctionne. Dès lors, la péréquation devrait s'affirmer davantage dans les États fédéraux[23].

Péréquation et inégalités. – Si les finances locales sont, à certains égards, engagées dans une éternelle réforme[24], l'apparition d'une exigence de péréquation constitue une nouvelle problématique traversant toutes les réformes actuelles. La fiscalité locale, issue de la Révolution, a pendant longtemps négligé les inégalités entre individus. Bâtie sur des impôts de quotité, c'est-à-dire avec un produit défini dans un premier temps, puis répartie dans un second temps entre les contribuables, la fiscalité locale n'a finalement pris conscience de son rôle dans la lutte contre les inégalités que tardivement, et ce à deux égards. D'une part, dans sa structure intrinsèque, l'allégement de la fiscalité pour les personnes les plus défavorisées permet de les aider financièrement. D'autre part, une fiscalité plus importante pour les collectivités confrontées à de fortes charges permet de les aider à mener de véritables politiques de développement économique et social.

Péréquation et égalité. – En réalité, la finalité intrinsèque de la péréquation financière s'exprime avec la recherche d'une répartition la plus « équilibrée » possible des ressources entre territoires dans le respect de l'autonomie locale. Or, paradoxalement, ne reposant sur aucune théorisation préalable, la péréquation se trouve depuis quelques années happée par le droit, au fur et à mesure de la prise en compte de sa nécessité au sein des finances locales. Cependant, la réforme constitutionnelle de 2003[25], en introduisant ce concept dans la Constitution, n'a imposé aucune obligation au législateur. Aux termes de l'article 72-2 alinéa 5 de la C, « la loi prévoit des dispositifs de péréquation destinés à favoriser l'égalité entre les collectivités

---

23. Voir chapitre 3 sur le cadre institutionnel et constitutionnel, p. 97.

24. R. HERTZOG, « L'éternelle réforme des finances locales », *in* : *Histoire du droit des finances publiques*, H. ISAIA et J. SPINDLER (dir.), Economica, 1988, p. 9-94.

25. Loi constitutionnelle n° 2003-276 du 28 mars 2003 relative à l'organisation décentralisée de la République, *JO* du 29 mars 2003 p. 5568.

territoriales ». Avec cette formulation, le Constituant n'effectue, par ailleurs, qu'une application de la jurisprudence *Baxter* du Conseil d'État de 1997[26] et du Conseil constitutionnel[27], selon laquelle une personne privée n'a pas de droit à revendiquer une application différenciée du principe d'égalité. Là apparaît l'ambiguïté profonde de la péréquation : application concrète du principe d'égalité en postulant une répartition équilibrée des ressources, la péréquation se trouve à la jonction du principe d'égalité et de libre administration. Toutes les collectivités, du moins selon la conception de l'égalité devant la loi née de la Révolution française avec l'article 6 de la Déclaration des droits de l'homme et du citoyen (DDHC)[28], se trouvent sur un pied d'égalité devant la loi, elles doivent donc bénéficier des mêmes compétences, des mêmes types de ressources, peu importe que la collectivité soit petite ou grande, confrontée à des difficultés géographiques et sociales[29].

La prise en compte d'une nouvelle forme d'égalité, cette fois par la loi, renvoie davantage à la recherche de l'égalité réelle, le Droit ayant vocation à lutter contre les inégalités de fait. À cet égard, l'approche du droit de l'Union européenne en matière de discrimination imposerait presque à l'État des obligations. Pour le juge de l'Union,

26. CE, Assemblée, 28 mars 1997, *Société Baxter et autres*, *RFDA*, 1997, p. 460. Dans cet arrêt, le Conseil d'État estime qu'une entreprise, dans une situation particulière, n'a pas de droit à revendiquer un traitement particulier.

27. Cons. const., décision n° 2010-617 DC du 9 novembre 2010, *Loi portant réforme des retraites*, *Rec.*, p. 310, point 11.

28. Selon cet article, « la loi est l'expression de la volonté générale. Tous les citoyens ont droit de concourir personnellement ou par leurs représentants à sa formation. Elle doit être la même pour tous, soit qu'elle protège, soit qu'elle punisse. Tous les citoyens, étant égaux à ses yeux, sont également admissibles à toutes dignités, places et emplois publics, selon leur capacité et sans autre distinction que celle de leurs vertus et de leurs talents ».

29. Selon G. ORSONI, « habitude a trop souvent été prise de traiter les collectivités territoriales comme s'il s'agissait d'un tout uniforme et indivisible », *Science et législation financières*, Economica, 2005, p. 507.

« selon une jurisprudence constante, une discrimination consiste dans l'application de règles différentes à des situations comparables ou dans l'application de la même règle à des situations différentes »[30]. Malgré tout, le droit français demeure réticent à cette conception sur le plan territorial, toute dérogation trop marquée à la répartition des mêmes ressources entre collectivités constitue une atteinte à la conception du principe d'égalité devant la loi.

Égalité, solidarité et péréquation. – La prise en compte de l'égalité pose donc question à la lumière de la conception classique de l'égalité en droit français. Le dépassement affirmé de l'égalité formelle pourrait s'effectuer par le recours à la solidarité nationale issue de l'alinéa 11 du préambule de la Constitution de 1946. Telle est, semble-t-il, la position tenue par le Conseil constitutionnel concernant les prestations de solidarité délivrées par les collectivités territoriales[31]. Toutefois, la Constitution ne conçoit la solidarité qu'entre individus, il n'existe pas de concept de solidarité territoriale. Du reste, toutes les dérogations territoriales financières sont justifiées par le Conseil constitutionnel par une formulation vague fondée sur l'intérêt général ou les particularités locales. Ainsi, dans sa décision nº 91-291 DC du 6 mai 1991 concernant la création d'un mécanisme de solidarité en Île-de-France, celui-ci est justifié par les particularités rencontrées dans cette région. Selon les considérants 24 et 25 :

> « La région d'Île-de-France présente, en ce qui concerne la situation des communes urbaines au regard des besoins sociaux de leur population, des traits spécifiques : la masse de sa population, l'importance globale de ses ressources et la présence de la capitale ; que la répartition des emplois entre le centre et la périphérie entraîne, en règle générale, une distribution très inégale du potentiel fiscal des communes à population équivalente ; qu'il en découle d'importants écarts dans les

30. CJUE, 30 juin 1998, *Mary Brown contre Rentokil Ltd*, aff. C-394/96, point 30.

31. V. DONIER, *Le principe d'égalité dans l'action sociale des collectivités territoriales*, PUAM, 2005, p. 227 et s.

> niveaux d'équipement et de service que les communes sont en mesure d'offrir à leurs habitants ;
> ... l'ampleur et le cumul de ces éléments justifient que le législateur institue pour la région d'Île-de-France, indépendamment de la création de la dotation de solidarité urbaine, un mécanisme intercommunal de redistribution de ressources ayant pour objet de contribuer à l'amélioration des conditions de vie dans celles des communes qui supportent des charges particulières sans disposer d'un potentiel fiscal par habitant élevé. »

Par ailleurs, dans sa décision du 26 janvier 1995 concernant certains avantages fiscaux dans certaines parties du territoire, le Conseil constitutionnel admet également le principe de la dérogation, mais retient une formulation beaucoup plus générale :

> « Considérant en second lieu que le principe d'égalité ne fait pas obstacle à ce que le législateur édicte, par l'octroi d'avantages fiscaux, des mesures d'incitation au développement et à l'aménagement de certaines parties du territoire national dans un but d'intérêt général[32]. »

Le rapprochement de la péréquation avec la solidarité interroge également à la lumière de la nature des « prestations » de solidarité. Celles-ci ont normalement vocation à être « libres d'emploi », si on estime que la solidarité renvoie à l'existence d'une « relation étroite de dépendance réciproque »[33] des membres du corps social. Cela explique que le recours à la solidarité en matière de péréquation divise, car le fléchage ou le versement de dotations de péréquation sous conditions revient régulièrement sur le devant de la scène et l'État contrôle même certaines dotations de façon insidieuse grâce au maniement de l'outil contractuel[34]. D'autres pistes sont imaginées

32. Cons. const., décision n° 94-358 DC du 26 janvier 1995, *Loi d'orientation pour l'aménagement et le développement du territoire*, *Rec.*, p. 183.

33. « Solidarité », *in* : *Dictionnaire de la culture juridique*, D. ALLAND et S. RIALS (dir.), PUF, 1re éd., 2003, p. 1428.

34. Voir *supra*.

telles que le fléchage des sommes versées au titre du Fonds de péréquation des ressources intercommunale et communale (FPIC)[35]. Aussi, la justification de la péréquation par la solidarité demeure incertaine, et ces doutes se renforcent lorsque la péréquation rencontre la libre administration.

Péréquation et libre administration. – Dans le même temps, toute politique de péréquation porte atteinte à la libre administration consacrée constitutionnellement en amputant certaines collectivités de leurs ressources. Cette prise en étau de la péréquation entre le principe d'égalité et la libre administration explique la conception retenue par le Conseil constitutionnel selon laquelle la péréquation n'est qu'un objectif à valeur constitutionnelle et, à cet égard, l'alinéa 5 de l'article 72 de la C « a pour but de concilier le principe de liberté avec celui d'égalité par l'instauration de mécanismes de péréquation financière »[36]. Cette conception n'est toutefois pas surprenante, elle n'est que le reflet d'une ligne jurisprudentielle laissant la plus grande liberté possible au législateur en matière de dérogation financière territoriale. À titre de rappel, les exonérations fiscales au sein de certaines parties du territoire relèvent uniquement de l'appréciation du législateur[37]. Les débats de la loi de finances pour 2015[38] illustrent toute la difficulté de cette question concernant le montant à consacrer à cette question et la position défendue régulièrement par les parlementaires souhaitant limiter la hausse des fonds de péréquation horizontale.

35. « Touche pas à mon FPIC », *Gazette des communes*, 25 novembre 2013, p. 46.

36. Cons. const., décision n° 2003-487 DC du 18 décembre 2003, *Loi portant décentralisation en matière de revenu minimum d'insertion et créant un revenu minimum d'activité*, *Rec.*, p. 473.

37. Voir décision du Cons. const., 26 janvier 1995, *op. cit.*

38. Loi n° 2014-1654 du 29 décembre 2014 de finances pour 2015, *JO* du 30 décembre 2014, p. 22828.

Naissance d'un contentieux de la péréquation. – Malgré tout, à la suite de la création de nombreux mécanismes de péréquation, le juge administratif, dans le cadre du recours pour excès de pouvoir, et le Conseil constitutionnel, avec l'utilisation de la question prioritaire de constitutionnalité, se trouvent au cœur d'un nouveau contentieux. Désormais, chaque mécanisme, chaque critère deviennent source d'un nouvel affrontement. Inévitablement, avec l'essor de ces contentieux, les juges sont amenés à s'interroger sur les fondements de la péréquation, sur le droit comparé et les instruments utilisés. Tel est finalement l'objectif de cet ouvrage, réfléchir sur l'existence d'une certaine cohérence de la péréquation en droit français.

Interprétations plurielles de la péréquation. – Si, au premier abord, la péréquation consiste à réduire les inégalités financières entre collectivités territoriales, cet objectif peut revêtir plusieurs significations suivant son volume, le type de péréquation et les critères que l'on retient, mais surtout suivant la logique sous-jacente. Selon une présentation doctrinale traditionnelle[39], deux grands types de péréquation peuvent être dégagés, celle dite passive avec une mutualisation des dépenses et une autre que l'on peut qualifier d'active, qui cherche un rééquilibrage des ressources des collectivités territoriales en fonction de leurs dépenses et de leurs caractéristiques intrinsèques en matière de ressources (ex. : faibles bases, population défavorisée…). La péréquation passive s'avère inhérente à tout système de décentralisation avec plusieurs échelons territoriaux. Dès 1930, cette problématique traverse les finances locales. Ainsi, pour G. Assemat,

> « les collectivités locales participant, au moyen d'impôts locaux, à des dépenses ayant le caractère national se traduit par de profondes différences entre leurs situations respectives »[40].

39. R. HERTZOG, « À propos de la péréquation dans les finances locales », *RFFP*, n° 34, 1991, p. 58.

40. G. ASSEMAT, *Essai sur les finances locales*, Les imprimeries Desableaux, 1930, p. 136.

À l'heure actuelle, l'exemple de l'intercommunalité semble révélateur. Certains auteurs distinguent ainsi quatre effets redistributifs au sein d'un EPCI : l'effet de solidarité financière, de spécialisation fiscale, des charges transférées et de redistribution des services communautaires[41].

Toutefois, la péréquation passive relève davantage d'une organisation locale ou d'une reconfiguration des compétences entre collectivités territoriales. Dans cette logique, le projet de loi portant nouvelle organisation territoriale de la République, déposé au Sénat le 18 juin 2014[42] actuellement en discussion au Parlement illustre toutes les incertitudes relatives aux évolutions territoriales en cours, tant en termes de périmètres que de compétences. Les conséquences financières ne sont, à l'heure actuelle, pas évaluées. Selon un rapport parlementaire du 11 décembre 2014, la loi du 27 janvier 2014 de modernisation de l'action publique territoriale et d'affirmation des métropoles[43] et l'actuel projet de loi portant nouvelle organisation territoriale de la République (« NOTRe »)

> « ont des conséquences importantes, mais pas toujours mesurées sur la répartition de la richesse sur le territoire et sur la solidarité territoriale »[44].

La péréquation dite active présente donc un intérêt majeur, car le législateur cherche à répartir les ressources des collectivités en fonction de critères objectifs (ex. : population, longueur de voirie…) et fonction de critères dépendants pour partie de la situation socio-économique du territoire et de la collectivité.

41. AdCF, *Le rôle de l'intercommunalité : effets redistributifs entre communes au sein des communautés*, A. GUENGANT et G. GILBERT, 2008.

42. Projet de loi nº 636 portant nouvelle organisation territoriale de la République, 18 juin 2014.

43. Loi nº 2014-58 du 27 janvier 2014 de modernisation de l'action publique territoriale et d'affirmation des métropoles, *JO* du 28 janvier 2014, p. 1562.

44. *Avis du 11 décembre 2014 sur la Nouvelle organisation territoriale de la République*, C. GUENE.

Péréquation et logique économique. – Si la plupart des pays connaissent des mesures de péréquation, ce n'est pas seulement pour des motifs de solidarité, mais également pour des raisons d'efficacité économique. Une « égalisation financière » permet, en effet, de lutter contre une concurrence fiscale entre territoires infra-étatiques. Aussi, de nombreux économistes[45], et même l'OCDE, incluent cette logique dans la définition de la péréquation. Selon une autre interprétation,

> « la péréquation des ressources fiscales constitue d'une certaine manière un contrepoids à la compétition entre collectivités. Autrement dit, il s'agit de satisfaire à un impératif de rééquilibrage, ou encore d'équité entre collectivités territoriales dont la raison fondamentale d'exister est le mieux-être des citoyens, ainsi que l'organisation d'une certaine solidarité entre eux »[46].

La logique économique interroge également sur d'éventuelles obligations à la charge des collectivités bénéficiant d'une aide extérieure, de l'État ou d'un autre niveau. Une assistance financière doit-elle être liée à une contrepartie ? Pour M. Bouvier,

> « une conception contemporaine de la péréquation financière ne peut se construire en dehors de l'évolution générale de la gestion financière publique, dont l'un des principes essentiels est celui de la responsabilité… »

Il ajoute :

> « La péréquation doit permettre aux collectivités les plus défavorisées, non pas de s'installer dans l'assistanat, mais d'avoir la capacité à terme d'offrir par leurs propres moyens

45. Pour M.-J. MARCHAND, la péréquation financière « doit permettre à toutes les collectivités, quelle que soit leur situation financière initiale, d'assurer une certaine égalité des citoyens face à l'utilisation des services publics et face à l'impôt », « La redistribution des ressources publiques entre régions : légitimité, efficacité », *Annuaire des collectivités locales*, vol; 19, 1999, p. 39-60.

46. M. BOUVIER, « Repenser la péréquation financière comme un outil de bonne gouvernance », juillet 2004, n° 10, *Territoires 2020, Revue de la Datar*, p. 15. Voir du même auteur « Repenser la solidarité financière entre collectivités locales : les nouveaux enjeux de la péréquation en France », *RFAP*, n° 121-122, 2007, p. 75-78.

> des services à leurs administrés et d'agir par elles-mêmes sur l'origine des inégalités[47]. »

Cette caractéristique rejoint une évolution plus générale des finances locales avec le retour de l'État concernant l'utilisation des ressources dans une logique de limitation. Selon un rapport parlementaire de 2010,

> « dès lors qu'une collectivité territoriale bénéficierait d'une croissance économique suffisante pour faire face à ses dépenses obligatoires et à la mise en œuvre des projets définis par les élus, elle perdrait automatiquement le bénéfice de ces dotations. Autrement dit, toute dotation de péréquation ne devrait plus être considérée comme un acquis, mais uniquement comme un outil destiné à atteindre un niveau de développement économique donné… il s'agirait d'une aide économique transitoire et non pérenne »[48].

L'Inspection générale des finances (IGF) propose également, dans un rapport de 2014, de limiter l'évolution des dépenses des collectivités en rappelant que de tels mécanismes ont été mis en place dans divers pays européens[49]. Cette institution effectue, par ailleurs, un lien plus net encore, dans son rapport de 2013, en estimant que

> « la régulation de la dépense des collectivités territoriales s'opérant au niveau de leurs ressources, une péréquation accrue doit permettre de limiter les dépenses des mieux dotées et tout en favorisant une meilleure adéquation des ressources aux charges des moins bien dotées »[50].

---

47. M. BOUVIER, *Les finances locales*, 14e éd., LGDJ, 2011, p. 124.

48. Sénat, *Rapport d'information sur la péréquation*, MM. MEZARD et FOINTEREAU, n° 309, 23 février 2010, p. 34.

49. IGF, *Pour un redressement des finances publiques fondé sur la confiance mutuelle et l'engagement de chacun*, 2014, M. MALVY et A. LAMBERT, p. 49.

50. IGF, *Enjeux et réformes de la péréquation financière des collectivités territoriales*, juin 2013, p. 6.

L'absence de réponse tranchée à la finalité de la péréquation invite dès lors le chercheur à étudier d'autres concepts présents dans les ordres juridiques. Celui de cohésion territoriale utilisé dans le droit de l'Union se révèle intéressant, la péréquation ne constituant alors qu'un outil au service de cet objectif.

Aussi, la péréquation se définissant comme un procédé au service d'un objectif plus global, d'épineux problèmes théoriques apparaissent :

– dans quelle mesure des ressources financières doivent-elles être davantage versées aux collectivités fragiles ?
– la péréquation doit-elle provenir seulement de dotations d'État ou de ressources d'autres collectivités ?
– dans quelle mesure l'affirmation de l'autonomie financière, en tant qu'instrument de la libre administration, ne s'oppose-t-elle pas à la péréquation ? Cette question semble d'autant plus importante que les objectifs assignés aux collectivités territoriales sont cruciaux entre subvenir aux besoins de la population et impulser un développement économique local, dans lequel l'un des principaux problèmes est celui de la localisation des entreprises[51]. La mise en faillite de la ville de Détroit aux USA, en partie liée à l'absence de renouvellement de son tissu économique, illustre une nouvelle fois le rôle des collectivités pour réorienter l'économie locale, à condition qu'elles disposent de moyens minimums ;
– par ailleurs, existe-t-il un niveau optimum de péréquation qui n'ampute pas trop les collectivités richement dotées ou menant des projets de développement et permet d'aider les collectivités les plus fragiles financièrement ? Dans la même orientation, le niveau de la « péréquation optimum » doit-il être mis en œuvre par l'État central, par les échelons infra-étatiques (État fédéré/région/département/EPCI) ou par les deux concomitamment ?

51. M. BOUVIER, *Finances locales*, 15e éd., LGDJ, 2013, p. 18.

PARTIE I

LE CADRE THÉORIQUE ET JURIDIQUE

L'existence d'un droit de la péréquation implique de réfléchir à sa cohérence et notamment de s'interroger sur le fait de savoir s'il s'agit d'une finalité ou d'un simple instrument au service d'une logique plus globale. Le dépassement du principe d'égalité et le recours à la péréquation semblent finalement le résultat de deux logiques : d'une part, la prise en compte de certains territoires défavorisés et d'autre part, la conséquence de l'évolution des finances locales qui pénalise certains territoires. Isoler ces deux logiques présente toutefois une difficulté, car elles sont profondément liées.

Si la mise en place des dispositifs de péréquation s'effectue de façon désordonnée au gré des différentes lois de finances, sans réelle évaluation de leur efficacité et de leur cohérence, il est possible, malgré tout, de déceler des problématiques récurrentes, qui participent à la construction d'un cadre théorique et juridique.

D'un point de vue historique, les inégalités financières entre collectivités territoriales sont avant tout des inégalités de ressources (*Chapitre 1*). Cependant, la péréquation ne se limite désormais plus seulement à réduire les inégalités de ressources, mais vise, au contraire, à réguler l'ensemble des politiques publiques. Cet avènement de la péréquation (*Chapitre 2*) s'effectue en même temps que la création d'un cadre institutionnel et constitutionnel (*Chapitre 3*).

CHAPITRE 1

LA CONSTRUCTION DES INÉGALITÉS DE RESSOURCES ENTRE COLLECTIVITÉS TERRITORIALES

Dès la mise en place d'une nouvelle fiscalité locale sous la Révolution, des inégalités apparaissent (*Section 1*), se renforçant tout au long des XIXe et XXe siècles (*Section 2*). La création et les réformes successives des dotations durant le XXe siècle ne limitent que tardivement les inégalités les plus criantes, sans véritablement remédier aux différences parfois flagrantes (*Section 3*). Il en est de même de l'intercommunalité (*Section 4*), qui n'atténue que faiblement les inégalités en son sein. Dès lors apparaît une inadéquation relativement forte entre les ressources fiscales et les besoins de certains territoires (*Section 5*).

SECTION 1 – LES INÉGALITÉS DANS LE CADRE DES FINANCES LOCALES POST-RÉVOLUTIONNAIRES (XIXe SIÈCLE)

Les inégalités fiscales actuelles trouvent en partie leurs origines sous la période révolutionnaire. Cherchant à remédier à la fiscalité de l'ancien régime, les révolutionnaires vont créer un nouveau système, issu en partie des idées des Physiocrates.

À cette époque, plusieurs impôts sont créés :

- la contribution foncière (sur les propriétés bâties et non bâties) par la loi du 23 novembre 1790[52] ; cette même loi procède à la répartition des contributions par municipalités ;
- la contribution mobilière le 13 janvier 1791[53] ; cet impôt, créé en remplacement de la capitation, cherche à imposer les revenus qui ne sont pas soumis à la contribution foncière[54] ;
- la contribution sur les portes et fenêtres liée au nombre et à la taille des fenêtres des immeubles par la loi du 24 novembre 1798[55] ;
- la contribution des patentes, au lieu et place des anciens droits de maîtrise et de jurande, par le décret-loi des 2 et 17 mars 1791[56]. Dès la fin de la période révolutionnaire après plusieurs modifications[57], elle comprend, d'une part, un droit fixe caractéristique d'un impôt indiciaire, et d'autre part, un droit variable. Le premier se définit par référence à un tarif établi selon la nature de l'activité exercée ainsi, le plus souvent, qu'à la population de la commune. Le second, plus représentatif de la capacité contributive des redevables, se détermine en fonction de la valeur locative des établissements imposés et de leurs équipements. Impôt d'État, la contribution des patentes est, dès l'origine, assortie de centimes additionnels, perçus d'abord au profit des communes et départe-

52. Loi du 23 novembre 1790, J.-B. DUVERGIER, *Lois – Décrets*, tome 2, p. 39-45.

53. Décret du 13 janvier 1791 sur la contribution mobilière, *Lois – Décrets*, tome 3, Guyot et Scribe, Paris, 1824, p. 175.

54. Voir L. TARTOUR, *L'autonomie financière des collectivités territoriales en droit français*, LGDJ, 2012, p. 88.

55. Loi du 24 novembre 1798, J.-B. DUVERGIER, *Lois – Décrets*, tome 11, Guyot et Scribe, Béchet, Paris, 1825, p. 70.

56. Décret du 2-17 mars 1791 portant suppression de tous les droits d'aides, de toutes les maîtrises et jurandes, et établissements des patentes, J.-B. DUVERGIER, *Lois-Décrets*, tome 2, Guyot et Scribe, Paris, 1824, p. 281-283.

57. L. TARTOUR, *L'autonomie financière…*, *op. cit.*, p. 92.

ments, puis à partir de 1820, des organismes consulaires. Dès sa création, la patente entraîne des inégalités avec de nombreuses exonérations catégorielles.

La fiscalité locale issue de la période révolutionnaire apparaît donc comme fondamentalement axée sur le patrimoine, faisant abstraction des revenus d'activité et se concentrant essentiellement sur la fortune. Sur la base de ce régime fiscal, des inégalités sont rapidement créées, amplifiées avec l'essor des budgets locaux. La mise en œuvre de la contribution foncière, impôt de répartition impliquant donc la définition d'un produit global, est parcellaire avec une définition des terrains très lacunaire[58].

Aussi, le besoin de péréquation se manifeste relativement vite et les premières formes de cette nouvelle politique publique apparaissent pendant la Révolution avec des procédés totalement nouveaux, les fonds communs. La loi du 22 juillet 1791 crée ainsi un premier fonds chargé de reverser aux communes le produit des amendes de répression[59].

Durant tout le XIXe siècle, la péréquation a pour seul objectif de remédier aux inégalités fiscales, principalement de base, liées aux différences cadastrales entre territoires et aux erreurs fiscales dans l'établissement de l'impôt. Un certain nombre de tentatives sont menées, mais en vain, comme l'adoption de deux lois les 20 mars 1813[60] et 15 mai 1818[61] tentant d'opérer une péréquation entre les cantons cadastrés.

58. M. MARION, *Histoire financière de la France depuis 1715*, tome II, Éditions Rousseau, p. 187.

59. Décret du 19-22 juillet 1791 relatif à l'organisation d'une police municipale et correctionnelle, J.-B. DUVERGIER, *Lois – Décrets*, 1824, tome 3, Guyot et Scribe, Béchet, Paris, p. 132.

60. Loi du 20 mars 1813 concernant les finances locales, J.-B. DUVERGIER, *Lois – Décrets*, tome 18, Guyot et Scribe, Béchet, Paris, 1827, p. 369.

61. Loi du 15 mai 1818 sur les finances, J.-B. DUVERGIER, *Lois – Décrets*, tome 21, Guyot et Scribe, Béchet, Paris, 1827, p. 587.

Cet échec se comprend notamment avec la force de la conception de l'égalité devant la loi, qui empêche d'imaginer l'existence d'un traitement différent des ressources financières en fonction des dépenses à la charge des départements ou des communes selon certaines parties du territoire. Pour E. Arnoux en 1894,

> « on entend par péréquation, en matière de contributions directes, l'opération qui consiste à rectifier la distribution des contingents des impôts de répartition, dans le but de faire supporter aux départements, aux arrondissements et aux communes des charges proportionnelles à leurs forces contributives réelles »[62].

La péréquation constitue donc, à cette époque, une technique fiscale d'égalisation, indépendante de toute logique redistributive ou solidaire[63].

La création du cadastre parcellaire par la loi du 15 septembre 1807 améliore certes la connaissance des territoires, mais ne permet pas de résoudre les inégalités créées entre circonscriptions[64].

Après la Première Guerre mondiale, de nombreux fonds communs sont à nouveau créés, cherchant à pallier les évolutions de la fiscalité locale et notamment la disparition des droits d'octroi.

---

62. E. ARNOUX, *Dictionnaires des finances de Léon Say*, Tome 2, 1894, p. 832 à 845. Article intitulé « Péréquation ».

63. H. DIEU, *Des divers systèmes de péréquation. Pour une nouvelle répartition de la contribution foncière*, Paris, Chaix, 1875 ; L. SAY, *Impôt foncier. Péréquation et dégrèvement*, Guillaumin, 1881 ; J. ALCOCK, *La péréquation de la contribution personnelle et mobilière*, thèse, 1904.

64. Loi du 15 septembre 1807 relative au cadastre parcellaire, J.-B. DUVERGIER, *Lois – Décrets*, tome 16, Guyot et Scribe, Béchet, Paris, 1826, p. 187.

Ainsi en est-il de la loi du 22 février 1918 qui institue au profit des communes un fonds commun des contributions indirectes afin de compenser la suppression des octrois portant sur le vin, la bière et l'alcool[65].

Deux ans plus tard, la loi du 25 juin 1920 définit le fonds commun des automobiles concernant les départements touchés par la suppression de l'impôt frappant les automobiles[66].

La superposition de ces mécanismes engendre de nouvelles inégalités s'ajoutant à celles liées à la mise en place de la fiscalité locale.

On ne peut que souscrire aux propos de L. Tartour, pour qui,

> « ces fonds communs, qui pouvaient à l'origine paraître efficaces face à la suppression des droits d'octroi et à la crise des finances locales, génèrent au contraire de nouvelles inégalités »[67].

SECTION 2 – L'APPARITION DE NOUVELLES INÉGALITÉS AU SEIN DE LA FISCALITÉ LOCALE

L'essor d'inégalités au sein de la fiscalité locale s'explique par la construction pragmatique de la fiscalité locale (§ 1) et notamment par la place prépondérante de la fiscalité pesant sur les entreprises (§ 2). Par ailleurs, l'apparition de compensations versées par l'État aux

---

65. Loi du 22 février 1918 portant création du fonds commun des contributions indirectes au profit des communes et suppression des droits d'octrois sur l'alcool et sur les boissons hygiéniques, J.-B. DUVERGIER, *Lois – Décrets*, Nouvelle série, tome 18, année 1918, *Recueil Sirey*, 1918, Paris, p. 97.

66. Loi du 25 juin 1920 portant création de nouvelles ressources fiscales, *JO* du 26 juin 1920.

67. L. TARTOUR, *L'autonomie financière des collectivités territoriales en droit français*, *op. cit.*, p. 275.

collectivités pour compenser les exonérations et abattements votés par le législateur obscurcit considérablement la mise en exergue d'une égalité entre territoires (§ 3).

§ 1. La construction pragmatique de la fiscalité locale

La fiscalité locale, tout au long du XIXe siècle, représente une part majeure des ressources des collectivités territoriales et cette caractéristique perdure jusqu'à nos jours. Comme l'illustre le tableau ci-dessous, la fiscalité représente plus de la moitié des ressources locales en 2012 :

Document 1

Recettes des administrations publiques locales

	Montant 2012 Md€	**Répartition en %**	**Évolution 2012/2011**	**Évolution 2013/2012**	**Évolution 2014/2013**
Total ressources	239,4	100	2,40 %	2,00 %	1,90 %
Ressources fiscales	123,6	51,6	3,80 %	1,50 %	4,40 %
Autres ressources	115,8	48,4	0,90 %	2,60 %	-0,70 %

Source : *Jaune budgétaire, Loi de finances pour 2014, Transferts financiers.*

Aussi, les inégalités de répartition de la base imposable expliquent, en partie, les inégalités financières entre collectivités territoriales, d'où la nécessité d'étudier leur construction.

La fiscalité locale se réforme progressivement dès le début du XXe siècle ignorant les inégalités. Si, de façon anecdotique, la contribution des portes et fenêtres est supprimée par la loi du 31 juillet 1917[68], dans le même temps, la taxe d'habitation succède à la contribution mobilière. En outre, à la suite de cette loi du 31 juillet 1917, par laquelle l'État instaure des impôts cédulaires sur le revenu, le produit de la contribution mobilière est transféré aux communes et aux départements. Les assemblées délibérantes déterminent désormais, le taux de la contribution mobilière, désignée centime-le-franc, en divisant le produit attendu par les bases d'imposition. Le calcul du rendement de l'imposition résulte du montant des recettes nécessaires à la couverture des dépenses de la collectivité et de la valeur de leur centime additionnel, qui est alors voté à partir d'un principal d'État fictif.

Concernant la patente, au cours du XIXe siècle, diverses lois adaptent cet impôt (loi du 25 avril 1844[69], loi du 15 juillet 1880[70]). Dès 1930, de nombreux rapports et même plusieurs projets sont établis dans la perspective de répondre aux critiques déjà nombreuses d'archaïsme, d'inefficacité, ou encore d'inégalité.

Quelques années après, le décret du 9 décembre 1948 institue un fonds de péréquation au profit des communes et des départements les plus défavorisés, qui ne disposent pas de centres d'affaires ou de commerces, avec des ressources provenant de la taxe additionnelle

---

68. *Loi portant suppression des contributions personnelle-mobilière, des portes et fenêtres et des patentes et établissement d'un impôt sur diverses catégories de revenus*, J.-B. DUVERGIER, *Lois – Décrets*, tome 16, Guyot et Scribe, Béchet, Paris, 1916, p. 625 et s.

69. Loi du 25 avril 1844, J.-B. DUVERGIER, *Lois – Décrets*, tome 11, Guyot et Scribe, Béchet, Paris, 1825, p. 1 et s.

70. Loi du 15 juillet 1880 *sur les patentes*, J.-B. DUVERGIER, Lois – Décrets, tome 80, année 1880, Larose et Ch. Boblet, Paris, p. 316.

à la taxe sur le chiffre d'affaires[71]. Il s'agit, par ce fonds national de solidarité et de péréquation, de l'une des premières traces modernes de la péréquation.

Peu de temps après, l'ordonnance du 7 janvier 1959 réforme timidement la fiscalité locale, sans aborder la logique péréquatrice[72].

Il faut attendre les années 1970 pour observer une réforme d'ampleur, avec la modification de la patente en 1975 répondant ainsi aux nombreuses critiques la concernant, principalement articulées autour de quatre arguments :

- l'obsolescence des bases qui nécessite la reconstitution fictive de la valeur des biens à la date de la dernière révision, en 1947 ;
- le tarif, qui comporte plus de 1 500 rubriques afin de cerner au mieux la capacité contributive de chaque catégorie de contribuables, est périmé, incohérent et complexe. Il occasionne des difficultés insurmontables de classification ;
- le caractère indiciaire de l'imposition, qui la fait dépendre de la rentabilité moyenne des entreprises comparables, fait obstacle à la prise en considération de la rentabilité propre à chaque établissement ;
- les taux d'imposition varient fortement, de 1 à 4 pour les départements et de 1 à 30 pour les communes[73].

Progressivement, en même temps que son adaptation, l'impôt sur les entreprises devient la ressource fiscale la plus importante.

---

71. Décret n° 48-1986 du 9 décembre 1948 porte réforme fiscale des impôts directs, des impôts indirects, des droits d'enregistrement et des droits de mutation, *JO* du 1er janvier 1949 p. 60.

72. Ordonnance n° 59-108 du 7 janvier 1959 portant réforme des impositions perçues au profit des collectivités locales et de divers organismes, *JO* du 9 janvier 1959, p. 622.

73. Voir le rapport d'O. FOUQUET au Premier Ministre, *Commission de réforme de la taxe professionnelle*, 2004.

§ 2. La place prépondérante de la fiscalité sur les entreprises

La loi du 29 juillet 1975 remplace la patente par la taxe professionnelle et modifie, dans le même temps, la base d'imposition qui est désormais calculée sur les équipements et biens mobiliers, les salaires et les revenus des professions libérales[74]. Est également créé par cette loi le Fonds départemental de péréquation de la taxe professionnelle (FDPTP) destiné à répartir le produit fiscal des établissements exceptionnels.

Toutefois, le développement de la patente puis de la taxe professionnelle engendre de nombreuses inégalités tant en raison d'une répartition inégale des bases que des choix de taux de fiscalité votés par les collectivités. Or, compte tenu de la hausse du produit de cet impôt dans le financement des collectivités territoriales, les inégalités s'accroissent fortement. Le graphique ci-dessous illustre la montée en puissance de la patente au cours du XXe siècle.

Document 2

Évolution du partage fiscal local en longue période (1840-1980)

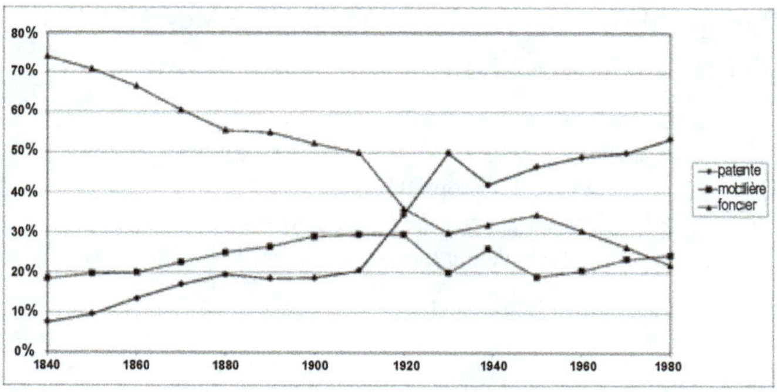

Source : *Comptes de la Nation*, Tableaux commentés, INSEE, 1980.

74. Loi n° 75-678 du 29 juillet 1975 supprimant la patente et instituant une taxe professionnelle, *JO* du 31 juillet 1975, p. 7763.

La place de l'impôt sur les entreprises, dénommé successivement patente, taxe professionnelle, puis contribution économique territoriale (CET), devient sans cesse plus importante. En 2009, la taxe professionnelle, dernière année avant la réforme, représente presque la moitié de la fiscalité locale.

Document 3

Part de chaque taxe dans le produit voté de fiscalité directe locale en 2009

TP : 31,3 Mds € (44,1 %)

TH : 16,5 Mds € (23,2 %)

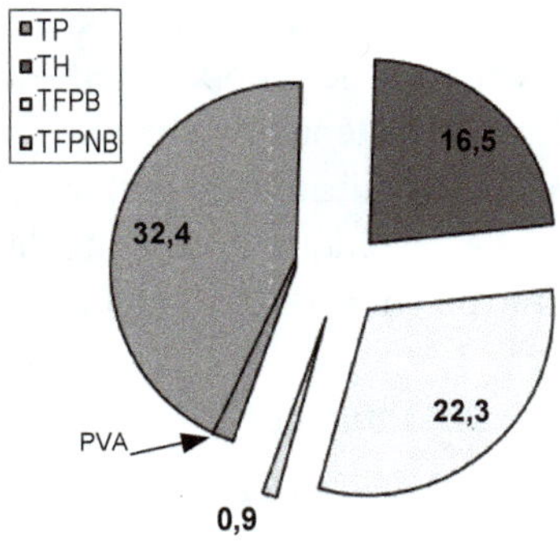

PVA : 1,1 Md €

TFPB : 22,3 Mds € (31,4 %)

TFPNB : 0,9 Md € (1,2 %)

TH : Taxe d'habitation
TP : Taxe professionnelle
TFPB : Taxe foncière sur les propriétés bâties
TFPNB : Taxe foncière sur les propriétés non bâties
PVA : Plafonnement à la valeur ajoutée

Source : *BIS*, novembre 2009, n° 70.

Dans le même temps, l'essor des exonérations de taxe professionnelle et leurs compensations par l'État compliquent considérablement la compréhension du phénomène fiscal sur le plan local.

§ 3. L'essor des compensations de l'État et l'indifférence à l'égalité

De nombreuses exonérations et abattements votés par le législateur au cours des années, dont certains trouvent même leur origine sous la Révolution, modifient la nature du produit fiscal perçu par les collectivités.

Ainsi, les compensations accordées par l'État aux collectivités à la suite des exonérations augmentent sensiblement la part de l'État au sein de la fiscalité locale. Avant la réforme de la fiscalité locale de 2010[75], la participation étatique par le biais de compensations représente presque la moitié de la fiscalité locale, obscurcissant la détection des inégalités.

Document 4

Part des 4 taxes directes locales prise en charge par l'État de 2000 à 2009

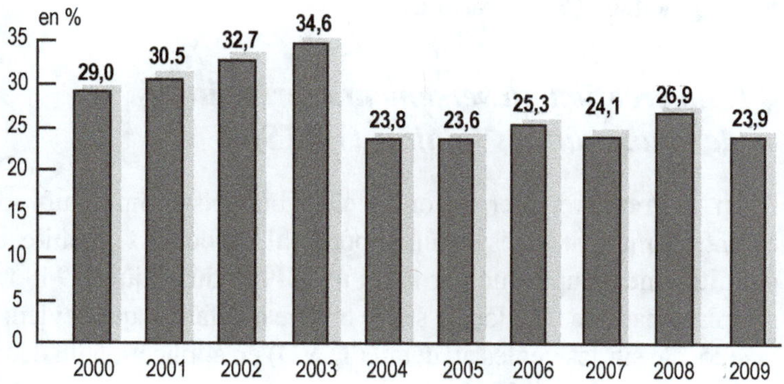

Source : Observatoire des finances locales 2010.

75. Loi de finances pour 2010, *op. cit.*

En complément de la fiscalité locale, l'État, par le biais de dotations qu'il verse depuis les années 1960, cherche à lutter contre l'apparition d'inégalités financières entre collectivités.

SECTION 3 – LA PRISE EN COMPTE TARDIVE DES INÉGALITÉS AU SEIN DES DOTATIONS D'ÉTAT

Les dotations d'État représentent, en partie, le résultat de nombreuses réformes fiscales expliquant le blocage par les collectivités territoriales de toute réforme d'ampleur qui se justifierait par la péréquation.

Si la mise en place des dotations d'État réduit en partie ces inégalités, leur origine et leur mode de fonctionnement aboutissent à une impasse et empêchent désormais toute amélioration de la péréquation.

Cette prise en compte des inégalités par les dotations trouve son origine dans la création du versement représentatif de la taxe sur les salaires (VRTS) en 1966 (§ 1) puis de la dotation globale de fonctionnement (§ 2) à partir de 1979.

§ 1. La création du versement représentatif de la taxe sur les salaires (VRTS)

Avant la Première Guerre mondiale, les budgets communaux sont essentiellement financés par un impôt local, « l'octroi ». Celui-ci est définitivement supprimé par la loi nº 48-986 du 17 juin 1948[76] et remplacé par une taxe locale sur le chiffre d'affaires, qui devient la taxe locale sur les ventes au détail (TLVD) en application du décret nº 55-465 du 30 avril 1955.

76. Décret nº 48-986 du 17 juin 1948 codifie certaines dispositions relatives aux taxes locales et départementales additionnelles aux taxes sur le chiffre d'affaires, *JO* du 18 juin 1948, p. 5928.

La loi du 6 janvier 1966 portant réforme des taxes sur le chiffre d'affaires et diverses dispositions d'ordre financier[77] supprime cette taxe locale sur les ventes au détail, se conformant ainsi au droit de l'Union, qui pose en 1967 le principe de l'interdiction de percevoir une taxe sur le chiffre d'affaires, distincte de la taxe sur la valeur ajoutée[78].

Cette loi du 6 janvier 1966 alloue en conséquence 85 % du produit de la taxe sur les salaires aux communes et départements. Celle-ci est supprimée deux ans plus tard, mais le principe du reversement de la taxe aux collectivités territoriales reste acquis, d'où la création en 1968 d'un versement représentatif de la taxe sur les salaires (VRTS), qui s'assimile en réalité à une dotation d'État indexée sur l'évolution de la masse des salaires. L'un des objectifs du VRTS est, par ailleurs, d'effacer en vingt ans la totalité des inégalités de ressources engendrées par la taxe locale. Le VRTS représente pour les communes et départements une subvention non affectée et pour l'État un prélèvement sur ses ressources budgétaires.

Le VRTS se compose alors de trois éléments :

- l'attribution de garantie : il s'agit d'un minimum garanti calculé par rapport à ce qu'aurait reçu la collectivité au titre de la taxe locale en 1968 ;
- l'effort fiscal : ce dernier est croissant en fonction de la pression fiscale exercée par la collectivité sur les impôts fonciers et sur la taxe d'habitation ; l'utilisation de cet indicateur est intéressante, car elle révèle la prise de conscience que les collectivités pratiquant des taux de fiscalité élevés s'explique par une situation financière difficile et non par une politique budgétaire dispendieuse.

77. Loi n° 66-10 du 6 janvier 1966 portant réforme des taxes sur le chiffre d'affaires, *JO* du 7 janvier 1966, p. 163.

78. Directive 67/227/CEE du 11 avril 1967 en matière d'harmonisation des législations des États membres relatives aux taxes sur le chiffre d'affaires, *JOUE* 14 avril 1967, p. 1301-1303.

– la création d'un fonds d'action locale instaurant une forme de péréquation pour les communes les plus pauvres, les communes touristiques et thermales.

Le ralentissement économique imputable au premier choc pétrolier, ainsi que les conséquences du VRTS en termes d'alourdissement de la pression fiscale auront toutefois raison de cette taxe[79].

C'est donc en 1979 que naît la première dotation globale de fonctionnement (DGF), en application de la loi du 3 janvier 1979[80], afin de compenser notamment la suppression du versement représentatif de la taxe sur les salaires. À la différence du VRTS, la DGF comporte une dimension péréquatrice. Plus précisément, la DGF remplace également le versement représentatif de la taxe sur les spectacles et la participation de l'État aux dépenses d'intérêt général des communes.

§ 2. La création de la dotation globale de fonctionnement (DGF)

La loi du 3 janvier 1979 organise la DGF autour de concours particuliers et d'un tronc commun. Ce dernier se compose d'une *dotation forfaitaire*, photographie du passé, garantissant aux communes et aux départements la permanence d'une ressource, mais dont la part relative passe de 57,5 % en 1979 à 42,5 % en 1985. La DGF comprend également une *dotation de péréquation*, expression de la solidarité, dont la part évolue de 42,5 % en 1979 à 57,5 % en 1985, se calculant en fonction du potentiel fiscal par habitant et en fonction de l'effort fiscal.

---

79. Pour un historique plus détaillé, voir F. LABIE, « Les concours financiers de l'État », *in* : *Histoire du droit des finances publiques*, H. ISAIA et J. SPINDLER (dir.), vol. III, Les grands thèmes des finances locales, Economica, 1988, p. 317-379.

80. Loi nº 79-15 du 3 janvier 1979 instituant une dotation globale de fonctionnement versée par l'État aux collectivités locales et à certains de leurs groupements et aménageant le régime des impôts directs locaux pour 1979, *JO* du 4 janvier 1979, p. 25.

En outre, des concours particuliers créés au cours des années 1980 doivent permettre d'accorder une aide supplémentaire à des communes qui supportent des charges spécifiques (ville-centre, dotation aux communes touristiques, dotation de solidarité urbaine).

L'objectif de la simplification affirmé en 1979 est très vite mis en cause avec la création de nouveaux concours particuliers, la multiplication des mécanismes de garantie[81] et la mise en place de divers ajustements techniques.

La loi du 29 novembre 1985[82] substitue, par ailleurs, à la dotation forfaitaire une dotation de base, représentant 40 % du tronc commun et répartie entre les communes sur la base d'une attribution moyenne par habitant, modulée selon l'importance démographique de la commune. La dotation de péréquation, qui représente 37,5 % du tronc commun, se subdivise elle-même entre une première fraction (30 %) répartie entre les communes en fonction de leur potentiel fiscal et de leur effort fiscal et une seconde fraction (7,5 %) destinée à tenir compte de l'insuffisance du revenu par habitant, mesurée par le revenu imposable. Enfin, la dotation de compensation (22,5 % du tronc commun) se compose de trois critères de charges (nombre d'enfants scolarisés et domiciliés dans la commune, longueur de la voirie communale, nombre de logements sociaux) affectés d'un coefficient de pondération.

L'inefficacité péréquatrice de ce système engendre rapidement des critiques.

> « La dotation forfaitaire, comme l'allocation ville-centre, compense probablement très mal les débordements de consommation entre communes. La dotation potentiel fiscal ne permet

81. Il s'agit d'un mécanisme permettant à une évolution juridique de produire ses effets financiers trop rapidement.

82. Loi n° 85-1268 du 29 novembre 1985 relative à la dotation globale de fonctionnement (DGF), *JO* du 3 décembre 1985, p. 13999.

> pas d'écrêter (partiellement) les ressources des communes disposant de bases d'imposition exceptionnelles »[83].

Ainsi, au cours des années 1990, des pistes de réforme sont émises, ce qui aboutit à la loi du 31 décembre 1993 réformant la DGF et intégrant davantage le fait intercommunal dans une logique d'aménagement du territoire[84]. La DGF des communes se compose alors de deux dotations, la dotation forfaitaire évoluant entre 50 % et 55 % selon les choix effectués par le comité des finances locales et la dotation d'aménagement.

La dotation forfaitaire repose sur l'ancienne dotation de base, la dotation de compensation, les concours particuliers, sauf la dotation de solidarité urbaine. La dotation d'aménagement, quant à elle, comporte trois catégories :

- une part pour les EPCI à fiscalité propre qui évolue de façon similaire à la dotation forfaitaire à partir de la 3e année d'existence;
- Elle comprend :
  - une dotation de base dépendant du coefficient d'intégration fiscale,
  - une dotation de péréquation calculée en fonction de la population totale des communes regroupées, du potentiel fiscal de l'EPCI pondéré par le coefficient d'intégration fiscale.
- une dotation de solidarité rurale;
- une dotation de solidarité urbaine.

83. A. GUENGANT, « Équité territoriale et inégalités. Le rôle de la DGF dans la réduction des inégalités financières entre communes », Litec, 1983, p. 178.

84. Loi n° 93-1436 du 31 décembre 1993 portant réforme de la dotation globale de fonctionnement et modifiant le Code des communes et le Code général des impôts, *JO* du 4 janvier 1994, p. 122.

La loi de 1993 précitée accroît également la péréquation au sein de la DGF des départements. Après une décennie de mise en œuvre, les lois de finances pour 2004[85] et 2005[86] modifient à leur tour sensiblement la DGF en intégrant, en son sein, de nombreuses compensations d'exonérations d'impôts locaux et d'autres dotations, telle que la dotation globale de décentralisation (DGD). Est également intégré au sein de la DGF le Fonds national de péréquation (FNP) rebaptisé dotation nationale de péréquation (DNP).

Son architecture est en outre simplifiée et sa structure stabilisée. Ses composantes évoluent désormais indépendamment les unes des autres avec leurs propres règles.

Les réformes successives des dotations n'ont toutefois pas que des effets négatifs sur la péréquation. Selon une étude conjointe menée par G. Gilbert et A. Guengant, les dotations d'État, sur la période 2002-2006,

> « réduisent les inégalités de potentiel fiscal corrigées des charges dans une proportion d'un grand tiers environ au niveau des communes (39,2 % de réduction des inégalités en 2001 et 36,9 % en 2006), de près de 50 % au niveau des départements (50,6 % en 2001 et 47,7 % en 2006) et de 45 % au niveau des régions (38,2 % en 2001 et 45,2 % en 2006) »[87].

En complément de ces évolutions strictement financières, la prise de conscience par le législateur qu'aucune péréquation efficace sans la mise en place de nouveaux EPCI n'apparaît, explique le développement de ces nouvelles structures. Malgré tout, leur efficacité interroge.

---

85. Loi n° 2003-1311 du 30 décembre 2003 de finances pour 2004, *JO* du 31 décembre 2003, p. 22530.

86. Loi n° 2004-1484 du 30 décembre 2004 de finances pour 2005, *JO* du 31 décembre 2004, p. 22459.

87. G. GILBERT et A. GUENGANT, « Actualisation des indicateurs de performance de la péréquation financière entre collectivités territoriales ; Actualisation 2002-2006 », *Rapport pour la DGCL*, 2009.

SECTION 4 – L'INSUFFISANCE DE L'INTERCOMMUNALITÉ DANS LA RÉSOLUTION DES INÉGALITÉS TERRITORIALES

Les années 1990 et 2000 se caractérisent par la création de nombreux EPCI à fiscalité propre avec un prélèvement de l'ex-taxe professionnelle désormais dénommée contribution économique territoriale par l'EPCI. Présenté souvent comme étant une Révolution silencieuse, ce nouveau maillage du territoire participe à la réduction des inégalités. Incontestablement, la création de telles structures permet aux communes de mutualiser leurs dépenses et d'éviter certains risques. Se noue ainsi une forme de solidarité par la dépense que l'on peut qualifier de péréquation passive. Par exemple, la création d'une zone d'activités pour attirer des entreprises par l'EPCI permet d'éviter qu'une seule commune investisse des sommes importantes dans une zone qui peut « rester vide » quelque temps, et donc, ne créer aucune nouvelle ressource.

Pour autant, la réduction des inégalités demeure très incertaine, notamment en raison du maintien des inégalités de ressources. La mise en place d'une fiscalité unifiée sur le plan intercommunal demeure limitée à la contribution économique territoriale unique (CETU) et surtout de nombreux arrangements locaux préservent les situations acquises et donc les inégalités. Les communes riches ayant accepté de mutualiser leurs ressources ont, en effet, obtenu de nombreuses contreparties financières par le biais des attributions de compensation (AC) ou par le biais de la dotation de solidarité communautaire (DSC), cette dotation étant par ailleurs dans ce cas détournée de sa vraie finalité grâce à une utilisation de critères contre-péréquateurs. Cela se manifeste dans des reversements importants de l'EPCI vers ses communes membres.

Ce faisant, les volumes versés par l'EPCI à ses communes membres s'avèrent relativement élevés. Selon la Cour des comptes en 2005, concernant l'étude d'un certain nombre de communautés d'agglomération,

> « il a été procédé au repérage des communautés pour lesquelles les ratios de redistribution sont significativement supérieurs aux moyennes nationales. Sur les 75 communautés à TPU entrant dans l'échantillon examiné sur ce point, 29 sont dans cette situation soit 39 % environ »[88].

En 2009, elle a renouvelé ce constat en estimant la nécessité de « limiter les reversements aux communes membres de la fiscalité communautaire »[89]. Toutefois, malgré ces rappels à l'ordre, ces reversements augmentent régulièrement[90]. Le rapport de 2014 de la Cour des comptes consacré aux finances publiques locales confirme cette tendance[91]. Cet échec relatif souligne l'origine structurelle des inégalités entre collectivités territoriales découlant d'une inadéquation entre les ressources fiscales et les besoins des collectivités.

SECTION 5 – L'INADÉQUATION ENTRE LES RESSOURCES FISCALES ET LES BESOINS DES COLLECTIVITÉS

La fiscalité locale s'élabore au fil des années, indépendamment de l'évolution du rôle et des compétences des collectivités territoriales en France. Se manifeste ainsi une inadéquation entre leur rôle et leurs ressources, notamment fiscales, qui résulte en réalité de l'absence de

88. Cour des comptes, *L'intercommunalité en France*, 2005, p. 107.
89. Cour des comptes, *Bilan d'étape de l'intercommunalité en France*, 2009, p. 240.
90. Pour les communautés urbaines, en 2009, ces reversements progressent de + 0,6 % comme en 2008, Association des communautés urbaines de France (ACUF), *Focus (Finances observatoire des communautés urbaines)*, juin 2010, p. 3.
91. Cour des comptes, *Les finances publiques locales*, 2014, p. 117.

prise en compte des besoins des collectivités (§ 1). Cette contradiction se trouve considérablement amplifiée par la déconnexion entre la richesse fiscale des collectivités territoriales et leurs besoins (§ 2). Aussi, la péréquation conserve toute sa pertinence et une politique véritablement péréquatrice peut réduire les différences de taux de fiscalité (§ 3).

§ 1. Les besoins des collectivités territoriales

La notion de « besoin » est ignorée par le droit des finances locales, qui ne connaît qu'une distinction entre les dépenses facultatives, obligatoires et interdites, la dernière catégorie interdisant expressément aux collectivités de réaliser certaines dépenses. Cette approche juridique présente l'avantage pour l'État, dans le contexte actuel de réduction des dépenses publiques, de forcer les collectivités à se limiter à l'exercice de leurs dépenses obligatoires. Cependant, certaines collectivités, confrontées à de fortes particularités territoriales, doivent mener un véritable projet politique et réaliser des dépenses facultatives. On rejoint alors la notion de besoin, qui ne peut s'apprécier qu'à l'aune du territoire en cause.

Cette idée s'avère toutefois combattue par un courant de pensée selon lequel les dépenses constatées des collectivités sont indépendantes de leur véritable besoin. Aux termes d'un rapport parlementaire de 2010, « il est assez difficile de bâtir une politique de péréquation sur la notion de “besoin des citoyens” tant elle est floue et tant elle varie d'un territoire à un autre »[92]. Pour ce faire, ce dernier s'appuie sur une étude de l'Inspection générale des affaires sociales (Igas)

92. Sénat, *Rapport d'information sur la péréquation*, MM. MEZARD et POINTEREAU, 23 février 2010, n° 309.

de 2009 pour qui le montant de l'aide sociale à l'enfance varie de « un à cinq selon les départements »[93]. En outre, cette distinction ne dépend pas des « différences de besoins de la population »[94].

D'autres études contredisent fortement cette interprétation. Selon un constat de la Direction de la recherche, des études, de l'évaluation des statistiques (Drees) en 2009,

> « un département "riche" en termes de proportion de foyers imposables ou de revenu fiscal médian, compte en général moins de bénéficiaires de l'aide sociale ; en revanche, compte tenu de rentrées fiscales plus élevées, il dispose de moyens financiers plus importants et peut engager des dépenses par bénéficiaire plus conséquentes ou bien étendre les aides sociales à des populations plus importantes que celles qui ressortent du strict cadre légal »[95].

Certains parlementaires abondent également dans ce sens. Par exemple, pour M. Aeschlimann,

> « les collectivités, qui au regard de leurs charges structurelles disposent de faibles ressources, engagent presque uniquement des dépenses contraintes, alors que deux tiers des dépenses des communes les plus aisées seraient engendrées par leurs propres recettes. Cela signifie que les collectivités disposant de recettes importantes commencent, bien sûr, par financer leurs dépenses obligatoires, mais affectent le surplus à des dépenses facultatives, dont l'utilité économique diminue au fil de la satisfaction de leurs besoins réels »[96].

En réalité, les origines des inégalités s'avèrent diverses. Si bien évidemment la concentration urbaine constitue une des raisons évidentes de l'existence de dépenses plus importantes, une autre caractéristique

---

93. Igas, *Les politiques sociales décentralisées pour l'année 2007-2008*, 2008.
94. *Ibid.*
95. Drees, *Les disparités départementales en matière sociale*, n° 602, octobre 2007, par J. Mauguin, p. 7.
96. AN, *Rapport sur l'efficacité péréquatrice des dotations versées aux collectivités territoriales*, M. Aeschlimann, le 25 juin 2009, n° 1784.

commune à l'ensemble des pays développés s'affirme, il s'agit du vieillissement de la population. Mais là encore, les analyses divergent. Selon un rapport parlementaire de 2010,

> « le critère de population doit être considéré avec prudence : les études économétriques réalisées par le ministère de l'Économie, de l'Industrie et de l'Emploi démontrent que le critère d'augmentation des charges des départements n'est ni la dépense sociale, comme on pourrait s'y attendre, ni la croissance démographique, mais la part dans la population des personnes de plus de 60 ans »[97].

À l'inverse, pour l'OCDE,

> « la population des personnes âgées a augmenté au cours des trente dernières années. Comme ces personnes sont souvent concentrées dans quelques zones de chaque pays, un petit nombre de régions doivent faire face aux problèmes sociaux et économiques qui résultent du vieillissement de la population, tels que la fourniture de services de santé, de logements abordables et de transports accessibles. De même, si la protection sociale des résidents varie selon les régions, on peut s'attendre à ce que les besoins de dépenses varient également »[98].

Les analyses doctrinales confirment la difficulté de raisonner en termes de besoin, notion qui s'avère pourtant fondamentale. Ainsi,

> « le traitement des besoins révèle une logique plus complexe et moins linéaire que celle du traitement des richesses. Le mouvement va du recours à un critère unique puis à des indicateurs multiples pour déboucher sur la quête d'un indice synthétique »[99].

---

97. Sénat, *Rapport d'information sur la péréquation*, préc. p. 38.

98. H. BLÖCHLIGER, C. CHARBIT, « Péréquation financière », *Revue économique de l'OCDE*, 1/2008 (n° 44), p. 283-309.

99. J.-M. UHALDEBORDE, « 1966-1995 : Les "trente laborieuses" de la péréquation territoriale en France », *in* : *La péréquation financière entre les collectivités locales*, PUF, 1996, p. 17.

Ces divergences d'interprétation expliquent qu'il est difficile d'atteindre un consensus sur la juste répartition des ressources fiscales en fonction des besoins réels des territoires. Cette analyse se renforce avec l'inadéquation de la fiscalité locale aux territoires.

§ 2. La déconnexion entre la richesse fiscale des collectivités territoriales et leurs besoins

La construction de la fiscalité locale s'effectue de façon pragmatique, indépendamment des besoins croissants des collectivités territoriales et surtout des inégalités de ressources entre collectivités territoriales. Ce faisant, apparaît un accroissement des inégalités de bases (A), qui se renforcent avec la réforme fiscale de 2010 (B), tout en modifiant la répartition de la fiscalité au sein du couple communes/EPCI (C).

A. L'accroissement des inégalités de bases

La fiscalité locale, mise en place progressivement et au gré des réformes depuis la Révolution française, crée de nombreuses inégalités de bases imposables. Pendant de nombreuses années, cette question apparaît secondaire au regard du pouvoir de taux, chaque collectivité ne revendiquait qu'une partie de taux de chaque impôt local. C'est du reste cette logique que retient l'acte I de la décentralisation en 1982-1983 en octroyant un tel pouvoir à tous les niveaux de collectivité.

La structure des ressources locales avec la répartition actuelle et le type de base d'imposition pénalisent les collectivités les plus fragiles financièrement exposées à de forts besoins et qui doivent donc surimposer les ménages et les entreprises. Selon le Conseil des prélèvements obligatoires « en 2007, le potentiel fiscal par habitant varie, en France métropolitaine, du simple au double entre régions, du simple au quadruple entre départements, de un à mille entre les communes »[100].

100. Conseil des prélèvements obligatoires, *La fiscalité locale*, 2010, p. 37.

Dès lors, les collectivités territoriales, les plus pauvres en termes de bases fiscales, augmentent davantage que les autres leur taux de fiscalité. Le Conseil des impôts en 1989 constate en effet que 83 % des communes possédant un effort fiscal supérieur à celui moyen de leur strate démographique ont aussi un potentiel fiscal inférieur au potentiel fiscal moyen de leur strate[101].

En modifiant la base d'imposition de la taxe professionnelle, qui devient la contribution économique territoriale (CET), ainsi que le pouvoir de taux, la loi de finances pour 2010[102] accroît les inégalités de ressources et modifie la répartition des impôts entre l'EPCI et les communes membres, compliquant ainsi davantage la répartition des richesses.

B. Le renforcement des inégalités avec la réforme fiscale de 2010

La réforme fiscale, mise en œuvre par la loi de finances pour 2010, opère une modification de la fiscalité locale beaucoup plus importante que la simple transformation de la taxe professionnelle en créant deux nouvelles impositions, la contribution foncière des entreprises (CFE) et la cotisation sur la valeur ajoutée des entreprises (CVAE) afin d'améliorer la fiscalité des entreprises. Trois objectifs, partiellement atteints, guident cette réforme. Tout d'abord, la loi de finances pour 2010 cherche à lutter contre la hausse régulière de la taxe professionnelle. Malgré un rétrécissement du contenu de son assiette, celle-ci et son taux augmentent régulièrement et de façon importante[103]. Deux logiques s'affrontent sur cette évolution : pour les collectivités territoriales, ces

101. Conseil des impôts, *X*e *Rapport consacré à la fiscalité locale*, tome II, 1989, p. 551.

102. *Op. cit.*

103. De façon plus précise, pour A. GUENGANT, « la croissance de la fiscalité directe provient à 55 % de l'élargissement des bases taxables et à 45 % du relèvement des taux d'imposition », « Collectivités locales et économie nationale », *Gestion et finances publiques*, n° 11, novembre 2009, p. 835.

hausses sont inévitables en raison des compensations insuffisantes de l'État liées aux transferts de compétences ; pour l'État, les collectivités territoriales ne s'engagent pas dans une culture de gestion suffisamment avancée. Ensuite, la part de fiscalité locale prise en charge par l'État devenant sans cesse plus importante, la réforme de 2010 a pour objectif de remédier à cette évolution. Enfin, cette loi souhaite résoudre la complexité de la fiscalité locale, liée à l'utilisation d'une même base imposable par plusieurs collectivités.

Aussi, afin de remédier aux lacunes de la fiscalité locale, mais également d'alléger la fiscalité des entreprises, la réforme comporte en réalité deux volets, un concernant les entreprises et un relatif aux collectivités territoriales. Sur le premier aspect, la base imposable relative aux équipements et biens mobiliers (EBM), fortement décriée, est supprimée au profit d'un élargissement du champ d'application de la cotisation minimum fondée sur la valeur ajoutée et payée par les plus grandes entreprises. Le dispositif est modifié et généralisé. Dans le même temps, une révision plus générale de la fiscalité locale, avec une redistribution des impositions entre catégories de collectivités territoriales, s'opère.

Une véritable spécialisation de la fiscalité locale, tant sur le plan du vote des taux que sur la nature des impositions, est recherchée par l'exécutif, en fonction des catégories de collectivités territoriales[104], mais la réforme à l'arrivée présente d'autres caractéristiques.

Dans le détail, alors que la base de la taxe professionnelle est fondée sur une part foncière et les équipements et biens mobiliers (EBM) des entreprises, désormais, la CET se divise en deux impôts :

- la contribution foncière des entreprises (CFE) ;
- la contribution sur la valeur ajoutée des entreprises (CVAE) assise sur la valeur ajoutée.

---

104. La spécialisation fiscale est toutefois une notion beaucoup plus large dont le contenu prête souvent à confusion, voir M. Houser, « À la recherche de la notion de spécialisation fiscale », *Pouvoirs locaux*, n° 78, III/2008, p. 21 et s.

La CFE est exclusivement versée au bloc communal et correspond à l'ancienne part de cotisation de taxe professionnelle assise sur les valeurs foncières.

La CVAE est perçue par l'ensemble des collectivités et leurs groupements à compter de 2011 selon la répartition suivante : 26,5 % pour le secteur communal, 48,5 % pour les départements et 25 % pour les régions.

La CVAE s'obtient en multipliant la valeur ajoutée de chaque entreprise par un taux égal à 1,5 %, taux unique appliqué sur l'ensemble du territoire national.

Un nouvel impôt, l'imposition forfaitaire sur les entreprises de réseaux (IFER), est également prélevé sur les entreprises « super-gagnantes » de la réforme de la taxe professionnelle (du fait de la suppression de l'imposition sur les équipements et biens mobiliers).

L'IFER est constituée de neuf composantes[105] et concerne certains redevables exerçant leur activité dans le secteur de l'énergie, du transport ferroviaire et des télécommunications.

---

105. Les neuf composantes de l'IFER sont les suivantes : l'imposition forfaitaire sur les installations terrestres de production d'électricité utilisant l'énergie mécanique du vent et sur les installations de production d'électricité utilisant l'énergie mécanique des courants, situées dans les eaux intérieures ou la mer territoriale (art. 1519 D du CGI) ; l'imposition forfaitaire sur les installations de production d'électricité d'origine nucléaire ou thermique à flamme (art. 1519 E du CGI) ; l'imposition forfaitaire sur les centrales de production d'énergie électrique d'origine photovoltaïque ou hydraulique (art. 1519 F du CGI) ; l'imposition forfaitaire sur les transformateurs électriques (art. 1519 G du CGI) ; l'imposition forfaitaire sur les stations radioélectriques (art. 1519 H du CGI) ; l'imposition forfaitaire sur les installations de gaz naturel liquéfié, les stockages souterrains de gaz naturel, les canalisations de transport de gaz naturel, les stations de compression du réseau de transport de gaz naturel et les canalisations de transport d'autres hydrocarbures (art. 1519 HA du CGI) ; l'imposition forfaitaire sur le matériel roulant utilisé sur le réseau ferré national pour les opérations de transport de voyageurs (art. 1599 *quater* A du CGI) ; l'imposition forfaitaire sur le matériel roulant utilisé pour le

Le graphique ci-dessous illustre la modification de la répartition des impôts locaux entre les différentes catégories de collectivités territoriales :

Document 5

Répartition de la fiscalité locale à l'issue de la loi de finances pour 2010

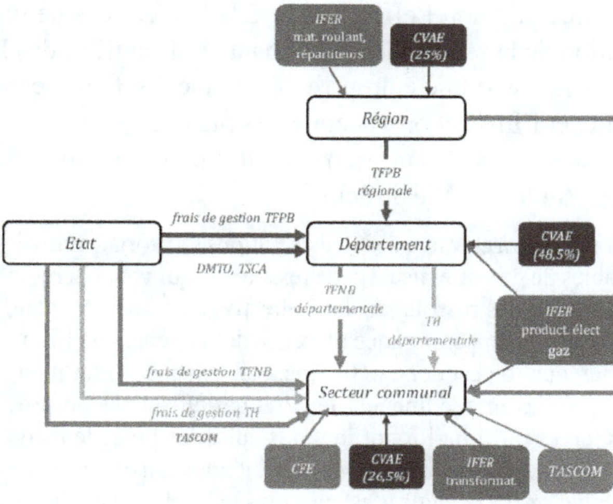

Source : Rapport du gouvernement relatif au Fonds de péréquation des recettes fiscales intercommunales et communales (FPIC) créé en application de l'article 125 de la loi de finances pour 2011, septembre 2011, p. 13.

Cependant, la réelle difficulté concerne la répartition de la CVAE. Lorsque l'entreprise possède, en effet, un seul établissement dans une collectivité, le calcul de la base d'imposition s'avère relativement aisé, en revanche, dès lors que l'entreprise compte plus

transport de voyageurs en Île-de-France (art. 1599 *quater* A *bis* du CGI) ; l'imposition forfaitaire sur les répartiteurs principaux de la boucle locale cuivre, les unités de raccordement d'abonnés et les cartes d'abonnés du réseau téléphonique commuté (art. 1599 *quater* B du CGI).

de deux établissements dans plusieurs communes, sa valeur ajoutée se calcule nationalement, puis des critères votés par le législateur permettent une répartition de la valeur ajoutée comme base d'imposition. Dans un premier temps, les critères retenus favorisent les territoires tertiaires au détriment des zones industrielles, créant ainsi de nouvelles inégalités.

Avant la loi de finances pour 2014[106], la répartition de la valeur ajoutée s'effectue selon l'effectif salarié (à hauteur des deux tiers) et en fonction de la valeur locative (à hauteur d'un tiers) de chacun des établissements d'une entreprise. Cette localisation n'est guère satisfaisante et l'Inspection générale des finances, dans un rapport en 2011, tout en prônant la mise en place d'une véritable péréquation horizontale, souligne cette difficulté :

> « La réforme a entraîné des redistributions territoriales considérables de potentiel fiscal et de ressources qui vont obérer la dynamique des ressources des collectivités perdantes, dans un contexte de décroissance marquée des concours de l'État. La péréquation est donc indispensable. Ensuite, l'État n'entend pas davantage financer la péréquation sur ses propres ressources qu'il ne l'a fait lors des épisodes précédents de l'histoire de la péréquation. Mais le fait nouveau est que cette péréquation horizontale n'est plus masquée, elle est explicite. D'où l'opposition aujourd'hui frontale des grands gagnants à la réforme fiscale qui n'entendent pas céder une part trop importante de leurs gains d'aubaine. Enfin, les dispositifs de péréquation nouveaux mis en place présentent des déficiences sérieuses qui sont autant de facteurs de fragilité, et qu'il conviendrait de corriger avant qu'il ne soit trop tard[107]. »

---

106. Loi n° 2013-1278 du 29 décembre 2013 de finances pour 2014, *JO* du 30 décembre 2013, p. 21829.

107. Rapport DURIEUX-SUBREMON, *Évaluation des effets de la réforme de la taxe professionnelle sur la fiscalité des collectivités locales et sur les entreprises*, Inspection générale des finances et Inspection générale de l'administration, mai 2010, annexe VI, p. 432.

Depuis 2010, chaque loi de finances revient sur ces critères de territorialisation de la valeur ajoutée.

L'article 79 de la loi de finances pour 2014, qui modifie l'article 1586 *octies* du CGI, espère à nouveau aider les territoires industriels. Selon l'exposé des motifs du projet de loi de finances pour 2014,

> « afin d'encourager les collectivités territoriales à accueillir des établissements industriels qui peuvent être susceptibles de produire des nuisances (bruit, pollutions, risques chimiques, etc.), leurs effectifs et leur valeur locative sont affectés d'un coefficient de deux pour la répartition de l'assiette et, partant, du produit de CVAE ».

La réforme de la fiscalité locale de 2010 amplifie ainsi les inégalités et les effets pervers qui en découlent[108]. À cet égard, un tiers de la CVAE provient de l'Île-de-France et quatorze départements concentrent 50 % des bases de la CVAE[109].

L'analyse de la Cour des comptes valide clairement cette tendance. Selon son premier rapport de 2013 consacré aux finances locales,« les collectivités dont les bases fiscales sont importantes peuvent appliquer des taux modérés alors que celles dont les bases sont plus réduites sont souvent poussées à pratiquer des taux élevés »[110].

Une autre analyse confirme ces propos. Selon l'Observatoire des finances locales en 2013, « les inégalités de répartition des bases (5 % des collectivités locales, soit environ 1 800 communes, possédaient près de 80 % des bases de taxe professionnelle) »[111]. Par

---

108. A. GUENGANT, « Redistribution territoriale des perspectives de croissance des budgets locaux après la réforme de la fiscalité locale des entreprises », *Revue d'Économie Régionale & Urbaine*, décembre 2013/5, p. 911-926.

109. Cour des comptes, *Les finances publiques locales*, 2014, p. 174 ; Voir également : IGF, *Les règles conventionnelles de répartition de la cotisation sur la valeur ajoutée des entreprises*, juin 2014.

110. Cour des comptes, *Les finances publiques locales*, octobre 2013, p. 38.

111. *Rapport annuel de l'Observatoire des finances locales*, 2013, p. 152.

ailleurs, cette caractéristique concerne tous les impôts, y compris la taxe d'habitation. Selon une étude de la Confédération générale du logement de juillet 2014, les collectivités comportant des populations défavorisées pratiquent des taux de taxe d'habitation supérieurs à la moyenne[112].

Cette réforme de 2010 renforce également le pouvoir de taux sur le plan local en créant toutefois une distinction entre les communes et EPCI.

C. La répartition de la fiscalité au sein du couple communes/EPCI

La réforme fiscale accroît, par ailleurs, le levier fiscal des communes au détriment de celui des départements et des régions avec pour conséquence un effet pervers dans la répartition de la fiscalité entre les communes et les EPCI. Les premières perçoivent davantage de fiscalité que les seconds et surtout, les communes prélèvent principalement de la fiscalité sur les ménages. Dans ces conditions, le rôle péréquateur de l'EPCI interroge, notamment sur les moyens dont il dispose. En outre, les communes, en l'absence d'une véritable politique de solidarité au niveau intercommunal, sont dans l'obligation d'utiliser davantage le levier fiscal et ainsi renforcer la tendance précédemment décrite selon laquelle, les collectivités défavorisées augmentent davantage les impôts que celles plus aisées.

Le tableau ci-dessous illustre bien la prédominance des communes dans le prélèvement des impôts ménages et les EPCI en matière d'impôts économiques :

112. Confédération générale du logement, *Étude sur les taux de la taxe d'habitation*, 2014.

Document 6

Répartition de la fiscalité locale entre taxes ménages et impôts économiques

	Total des trois taxes ménages	Total des impôts économiques
Communes	29797	2705
EPCI à fiscalité propre	7443	9751
Syndicats à contributions fiscalisées	217	22

Source : DGCL, *La fiscalité locale en 2013 : les produits économiques en forte hausse*, n° 99, janvier 2014.

Tous ces défauts s'accumulent et s'entretiennent en l'absence de mise en place de la péréquation, et apparaît même un effet pervers avec la hausse des taux de fiscalité de la part des collectivités défavorisées.

§ 3. La réduction des différences de taux par la péréquation

L'offre de services publics est conditionnée par l'effort fiscal des contribuables et donc par la politique menée par la collectivité. Aussi, pour éviter que les territoires défavorisés ne surimposent les agents économiques, il convient de les aider par la péréquation.

Comme l'explique A. Guengant,

> « si l'impôt et la dépense publique sont pris en compte simultanément, une certaine réconciliation des principes d'autonomie et d'égalité est possible sans toutefois pouvoir être totale. Tout dispositif de péréquation ampute en effet, dans des proportions variables, le libre usage des ressources locales et

> exige par conséquent d'opérer un arbitrage entre autonomie et égalité »[113].

Les tenants du fédéralisme fonctionnel préconisent, dans cette logique, d'instituer des circonscriptions de gestion correspondant aux aires de fréquentation des biens publics locaux ; ce faisant, la concurrence fiscale s'en trouverait limitée. Le morcellement de la fiscalité locale, compte tenu du grand nombre de collectivités territoriales et de l'existence de nombreux taux de fiscalité, constitue une caractéristique présentant de nombreux risques. Le premier d'entre eux concerne l'apparition d'une forte concurrence fiscale aboutissant à une course à la baisse des taux, à un déplacement des bases d'imposition et ainsi à une diminution de l'offre de services publics. De façon générale, selon l'OCDE, le procédé de la péréquation est souvent utilisé en présence de bases d'imposition mobile[114].

De son côté, la nouvelle économie géographique cherche à comprendre les critères de localisation des entreprises, impliquant finalement d'aider les collectivités à créer les conditions d'une attractivité accrue. Certaines collectivités peuvent devenir plus dynamiques que d'autres. Plus précisément,

> « les régions centrales, qui offrent un meilleur accès à la demande, sont plus attractives que les régions périphériques. Cette rente de situation permet au centre de maintenir des taux d'imposition relativement élevés sans craindre les délocalisations »[115].

---

113. A. GUENGANT, « Égalité des collectivités territoriales et péréquation », *in* : *http://www.ulb.ac.be/soco/asrdlf/documents/Guengant.pdf*, 2004.

114. *Revue économique de l'OCDE* n° 43, 2006/2, p. 14.

115. M. CROZET et M. LAFOURCADE, *La nouvelle économie géographique*, La Découverte, coll. « Repères », 2009, p. 94.

Dans une approche doctrinale complémentaire, deux auteurs, G. Gilbert et T. Madies, estiment que

> « la péréquation rétablit l'égalité ou du moins réduit les disparités de "situation" entre collectivités. Elle (re)place donc les collectivités dans une situation de "saine concurrence" et rend les choix de localisation des résidents et des entreprises plus efficaces »[116].

Cet objectif assigné à la solidarité financière se justifie d'autant plus que l'analyse économique tend à considérer la péréquation territoriale comme nécessaire à l'instauration de l'efficacité économique. Les inégalités entre collectivités locales constituent, en effet, des facteurs de déséquilibre cumulatif de développement. De ce fait, « en l'absence de régime de péréquation, les forces en présence mèneront à la concentration excessive de ressources dans les régions qui jouissent d'avantages fiscaux différentiels »[117].

Cette logique économique est défendue par l'OCDE qui l'inclut au sein même de sa définition de la péréquation. Ainsi, selon un document de 2006,

> « the central government may want to enable sub-national governments to provide the same basic bundle of services with roughly the same tax effort. This often requires a redistribution of resources to equalise tax capacity and/or service capacity »[118].

---

116. Rapport LAURENT, préc., p. 426.

117. J.-M. BUCHANAN, « Fiscal Equalization Revisited Equalization: Welfare Trap or Helping Hand? », Conference of the Atlantic Institute for Market Studies, the Montreal Economic Institute and the Frontier Centre for Public Policy, Montréal, 25 October 2001

118. OCDE, Intergovernmental transfers and decentralized public spending, 2006. Selon la traduction française de cette citation, « il se peut que le gouvernement central souhaite que les autorités locales fournissent le même niveau de service public avec le même effort fiscal. Cela implique souvent une redistribution des ressources pour égaliser les capacités fiscales ou les capacités de services ».

CHAPITRE 2

L'AVÈNEMENT DE LA PÉRÉQUATION EN FRANCE ENTRE COLLECTIVITÉS TERRITORIALES

Les inégalités financières entre collectivités territoriales s'accroissent. Ce constat se double toutefois d'une autre problématique concernant l'apparition dans le même temps d'inégalités entre habitants selon les territoires. Les collectivités territoriales défavorisées financièrement doivent en parallèle mener des politiques pour aider leur population. Cette mise en œuvre de la hausse des inégalités entre territoires (*Section 1*) explique que la péréquation apparaisse désormais dans la plupart des politiques publiques (*Section 2*).

SECTION 1 – L'ACCROISSEMENT DES INÉGALITÉS ENTRE TERRITOIRES

La décentralisation constitue une tendance de fond de l'évolution du fonctionnement de l'État avec la hausse des budgets locaux (§ 1). Mais, par nature, cela renforce les inégalités[119]. Cette caractéristique se ressent par exemple tant entre départements (§ 2) qu'entre communes (§ 3).

119. J.-L. ALBERT, *Finances publiques*, Dalloz, 8e éd., 2013, p. 610.

§ 1. La nature de la hausse des budgets locaux

La succession des lois de décentralisation depuis les années 1980 constitue une politique récurrente, indépendante de la majorité en place. Cela explique que les dépenses locales augmentent sensiblement depuis plus de vingt ans. Elles passent de 8,6 % du PIB en 1983 à 11 % en 2005 et 11,7 % en 2011[120]. Plus précisément, selon le rapport sur la dépense publique et son évolution annexé au projet de loi de finances pour 2013, l'évolution de la dépense des administrations publiques locales est la suivante depuis une dizaine d'années :

Document 7

La dépense des administrations publiques locales (2002-2011)

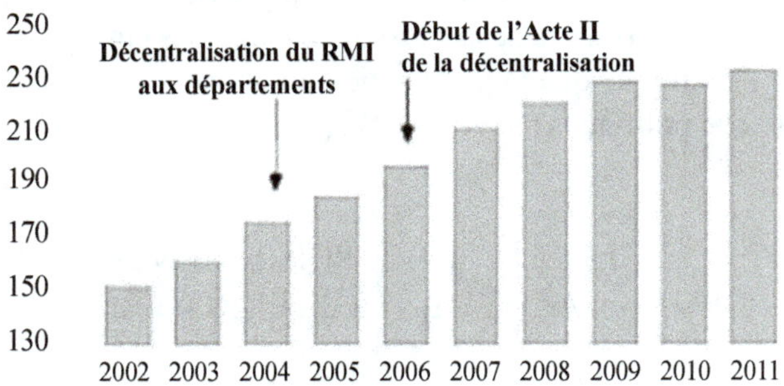

Source : *Rapport sur la dépense publique et son évolution annexé au projet de loi de finances pour 2013.*

Compte tenu de la hausse des dépenses des compétences transférées, la stabilisation des compensations financières au niveau de 2003 ne peut qu'entraîner de plus amples inégalités.

120. Rapport Cour des comptes, octobre 2013, p. 25.

Pour la Cour des comptes,

> « les pratiques consistant, d'une part, à figer la situation en 2003 de la part des ressources propres dans l'ensemble des ressources de chaque collectivité et, d'autre part, à compenser les charges sur la base des dépenses antérieures engagées par l'État, constatées pour chaque collectivité, ne peuvent que restreindre, voire rendre quasi impossible, à niveau de transferts financiers constants, l'objectif de péréquation »[121].

Plusieurs éléments concourent à cette hausse dont les transferts de compétences, l'utilisation du levier fiscal, mais également le recours à l'emprunt pour financer des politiques d'investissement ainsi que l'illustre le graphique ci-dessous :

Document 8

Évolution de la dette des administrations publiques locales

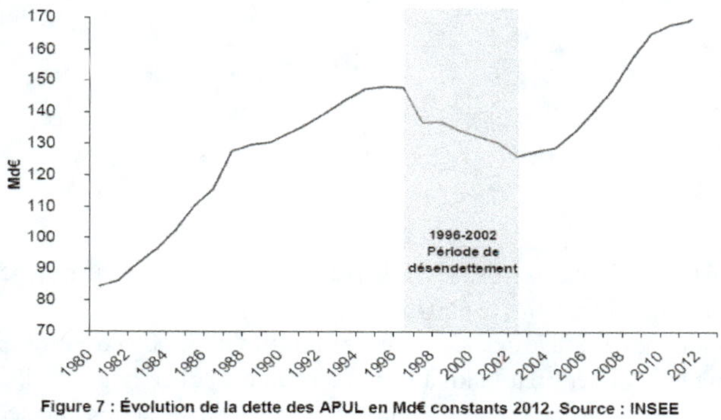

Figure 7 : Évolution de la dette des APUL en Md€ constants 2012. Source : INSEE

Source : INSEE.

Cette hausse de la dépense publique locale crée donc de fortes inégalités, d'autant plus que les ressources des collectivités territoriales évoluent désormais indépendamment de leurs besoins.

121. Cour des comptes, *La conduite par l'État de la décentralisation*, 2009, p. 15.

§ 2. *L'exemple des départements*

À l'heure où la place du département au sein de l'organisation territoriale interroge et malgré le possible transfert de compétences entre départements et régions, le système mis en place a accru les inégalités. Cette évolution s'explique par les fonctions dévolues au département. Si la loi du 30 juin 1975 indiquait qu'« un service social public chargé de mener une action polyvalente et des actions spécialisées est organisé dans chaque département »[122], depuis l'article 49 de la loi du 13 août 2004, il « définit et met en œuvre la politique d'action sociale »[123]. En outre, en tenant compte des compétences confiées à l'État et aux autres collectivités, il coordonne les actions menées sur son territoire. Ses compétences sont donc très larges, le département gère notamment une partie de la compétence handicap[124], de la politique liée à l'âge[125] et au fil du temps, d'autres compétences se sont ajoutées à cette liste, tel le revenu de solidarité active (RSA), ou encore la gestion des routes.

---

122. Loi nº 75-535 du 30 juin 1975 relative aux institutions sociales et médico-sociales, *JO* du 1er juillet 1975, p. 6604.

123. La suite de cet article indique que cette mission s'effectue « en tenant compte des compétences confiées par la loi à l'État, aux autres collectivités territoriales ainsi qu'aux organismes de sécurité sociale. Il coordonne les actions menées sur son territoire qui y concourent. Il organise la participation des personnes morales de droit public et privé mentionnées à l'article L. 116-1 à la définition des orientations en matière d'action sociale et à leur mise en œuvre », Loi nº 2004-809 du 13 août 2004 relative aux libertés et responsabilités locales, *JO* du 17 août 2004, p. 14545.

124. Loi nº 2005-102 du 11 février 2005 pour l'égalité des droits et des chances, la participation et la citoyenneté des personnes handicapées, *JO* du 12 février 2005, p. 2353.

125. Loi nº 2001-647 du 20 juillet 2001 relative à la prise en charge de la perte d'autonomie des personnes âgées et à l'allocation personnalisée d'autonomie, *JO* du 21 juillet 2001, p. 11737.

Cette structure des dépenses des départements explique le risque d'accroissement des inégalités. Depuis plusieurs années, les départements reçoivent de nombreuses compétences, leurs budgets sont ainsi passés de 40,98 à 67,6 milliards d'euros en huit ans de 2001 à 2009[126].

En 2012, la dépense nette d'action sociale des départements métropolitains s'élève même à 32,46 milliards d'euros[127]. Le graphique ci-dessous illustre l'essor des dépenses d'aide sociale :

Document 9

Évolution des dépenses nettes d'aide sociale

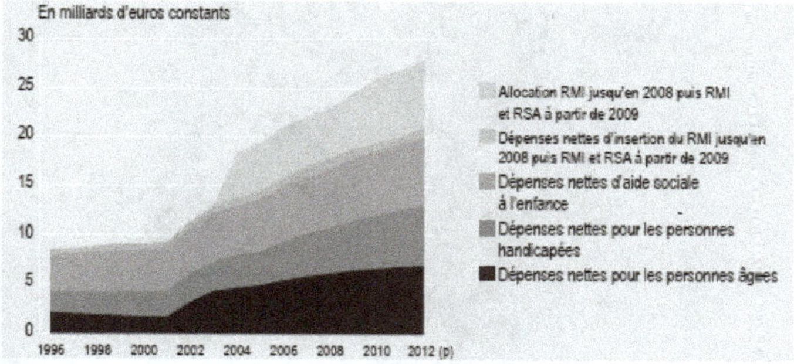

Source : Drees, *Les dépenses d'aide sociale départementale en 2012*, février 2014.

Or, ce dynamisme des dépenses s'avère extrêmement différencié selon les départements, ainsi que l'illustre la carte de France ci-dessous :

126. Les chiffres de 2009 sont disponibles dans le document de la DGCL, *Bulletin d'informations statistiques*, n° 68, septembre 2009 ; les chiffres de 2001 sont disponibles dans le document de la DGCL, *Les collectivités locales en chiffres en 2001*.

127. Odas, *Finances départementales*, juin 2013.

Document 10

Évolution annuelle moyenne entre 2008 et 2012 de la dépense totale brute d'aide sociale par habitant

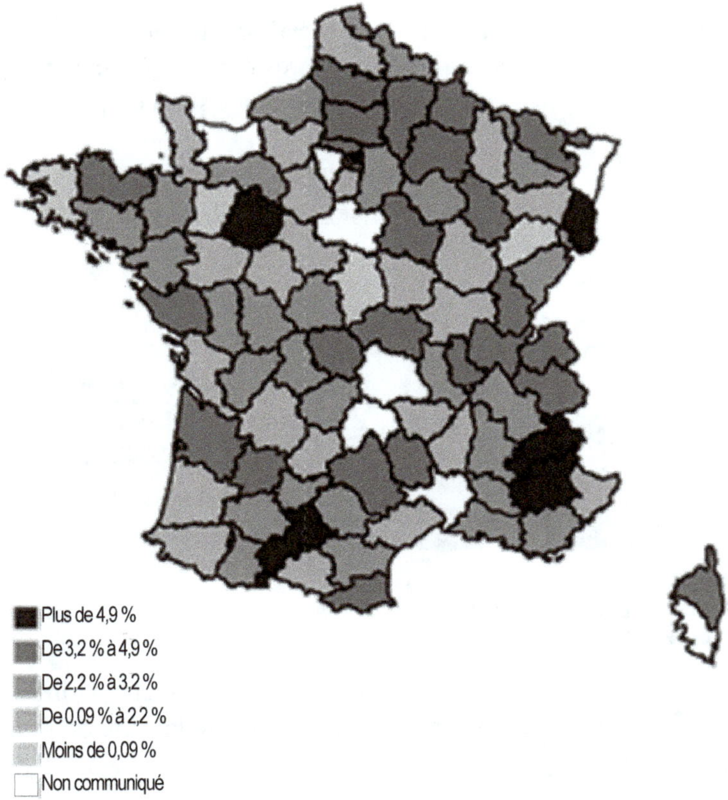

Source : Drees, *Les dépenses d'aide sociale départementale en 2012*, février 2014.

Cette évolution cache une autre réalité, qui est celle d'une forte différenciation des montants d'aide accordés par les départements.

Document 11

Dépenses d'action sociale par habitant en 2012

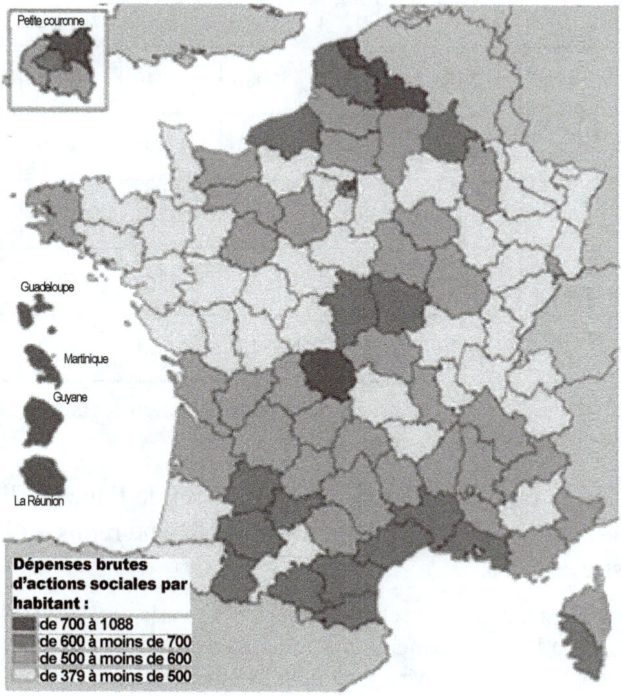

Source : DGCL.

Cependant, les compensations de l'État s'avèrent bien insuffisantes pour financer ces compétences, la charge nette cumulée depuis 2003 assumée par les départements s'élève à 24,72 milliards d'euros, sachant que les départements les plus fragiles économiquement assument par exemple en matière d'APA le reste à charge le plus élevé[128].

128. Voir *Rapport à Monsieur le Premier Ministre sur les finances départementales*, P. JAMET, 20 avril 2010 ; M. HOUSER, « La péréquation entre départements », *RFDA*, janvier-février 2011, n° 1, p. 157-167.

Document 12

Évolution du taux de couverture de l'allocation RSA par les abondements de l'État, de 2004 à 2012

	2003	2004	2005	2010	2011	2012
Dépense nette totale	16040	21930	23320	30260	31420	32460
Concours CNSA	1370	1280	1350	2020	2030	2040
Concours TIPCE-FMDI	0	4270	4630	5580	5720	5700
Charge nette totale	14670	16380	17340	22660	23670	24720

Source : Odas, Les dépenses départementales d'action sociale en 2012 : un inquiétant effet de ciseaux, juin 2013.

Selon le rapport Jamet de 2010, du nom de l'ancien directeur général des services du département du Rhône remis au Premier ministre en 2010,

> « le taux de prise en charge par la CNSA varie de 7 % à 50 % selon les départements ; les modalités de calcul mélangent compensation et péréquation, la lisibilité et donc la compréhension s'estompent avec le temps »[129].

Aussi, en l'absence de réforme profonde, la situation des départements ne cessera de se détériorer. Selon une étude détaillée de l'Observatoire national de l'action sociale (Odas) en matière d'APA en juin 2012,

> « la situation est très contrastée concernant l'APA à domicile… Enfin, ce qui s'avère plus préoccupant est la charge de RSA, très diversifiée selon les Départements. Or, là, on en connaît

129. *Rapport à Monsieur le Premier Ministre sur les finances départementales*, P. JAMET, 20 avril 2010.

l'origine, qui est liée à une répartition inégale du chômage et de la pauvreté sur le territoire français. Un argument supplémentaire en faveur d'une couverture intégrale de cette dépense d'allocation par un financement national (voir *infra*) »[130].

La Cour des comptes relève de son côté que

« si la situation financière globale des départements, mesurée à l'aune de leur capacité de désendettement (3,5 ans), était plutôt bonne à la fin de l'année 2011, de profondes disparités existaient entre collectivités. Ainsi, le ratio était-il inférieur à un an pour sept départements et supérieur à huit ans pour cinq d'entre eux. Si l'on compare les départements qui cumulent à la fois les dépenses sociales les plus élevées et les droits de mutation les plus faibles (en euro par habitant dans les deux cas), il est possible d'identifier 11 collectivités présentant une structure budgétaire potentiellement fragile »[131].

Par ailleurs, l'évolution démographique laisse présager une dégradation continue de la situation des départements. Ainsi, en 2040, 1 200 000 de personnes seront dépendantes et la population des 75 ans sera multipliée par 2,5 entre 2000 et 2040 pour atteindre plus de 10 millions de personnes[132].

Le Centre d'analyse stratégique prévoit de son côté que le besoin global de financement pour la période 2006-2025 se situera entre 14 et 29 milliards d'euros.

Plus récemment, la loi de finances pour 2014[133] a, malgré tout, ouvert de nouvelles perspectives de ressources aux départements avec notamment la possibilité de majorer le taux de la taxe de publicité foncière ou des droits d'enregistrement « dans la limite de 4,50 % pour les actes passés et les conventions conclues entre le 1er mars 2014

130. Odas, *Finances départementales*, juin 2012.
131. Cour des comptes, p. 92.
132. INSEE, M. Duee et C. Rebillard, *La dépendance des personnes âgées : une projection en 2040*, Données sociales, La société française, édition 2006.
133. *Op. cit.*

et le 29 février 2016 » et l'octroi d'une partie des frais de gestion concernant la collecte de la taxe sur le foncier bâti. Toutefois, ces nouvelles mesures ne s'avèrent que conjoncturelles et ne résolvent en rien la situation structurelle des départements.

D'autres pistes doivent être également explorées. Pour V. Donier et J.-L. Albert, une autre optique serait de s'interroger sur des dispositifs « de rationalisation de la gestion sociale départementale »[134]. Une réflexion doit donc être engagée sur les ressources des départements avec l'évolution de l'APA. L'exercice de cette compétence posera en effet de nombreux défis financiers dans les années à venir[135], qui ne pourront être résolus sans une réforme d'ensemble.

Plus précisément, la question de la péréquation demeure entière en France et fait face à de véritables enjeux. Elle constitue même une des pierres de l'édifice des finances locales à reconstruire. Elle s'inscrit dans « la question des moyens financiers dont disposent les collectivités territoriales »[136].

§ 3. La situation des communes et des charges de centralité

La décentralisation de nombreuses compétences a pour conséquence de confronter certaines communes à des difficultés financières liées notamment aux charges de centralité. Si la centralité revêt de nombreuses définitions doctrinales, notamment en sciences économiques, le concept de charges de centralité s'avère beaucoup plus flou. Selon une définition pragmatique, il s'agit de l'intégralité du déficit de

---

134. J.-L. ALBERT et V. DONIER, « La solidarité à la charge des départements », *AJDA*, 2013, p. 276.

135. M. HOUSER, « Les défis du financement de la dépendance par les départements », *AJDA*, 2013 p. 288 et s.

136. M. VERPEAUX, « "Une réforme" ou "la" réforme des collectivités territoriales ? », *RFDA,* mars-avril 2010, p. 226.

fonctionnement d'un équipement ou d'un service d'une ville-centre si cet équipement présente un caractère exceptionnel ou un mode de fonctionnement particulier. Aussi, certaines collectivités seraient confrontées à des dépenses beaucoup plus importantes que d'autres. Plusieurs réponses ont été apportées par le législateur comme la création d'une fraction bourg-centre au sein de la dotation de solidarité rurale. Par ailleurs, l'existence d'une pondération de la population au sein de la dotation de base a également pour vocation de remédier à ces inégalités.

Le développement de l'intercommunalité est, dans le même temps, régulièrement avancé pour résorber la question des charges de centralité avec un transfert à l'EPCI des compétences les plus coûteuses exercées par les communes membres.

SECTION 2 – L'UTILISATION DE LA PÉRÉQUATION DANS LES POLITIQUES PUBLIQUES

L'essor de la péréquation et la mise en exergue de sa nécessité expliquent qu'elle soit désormais au service de l'aménagement du territoire (§ 1). Toutefois, ce fondement demeure insuffisant pour ancrer réellement la péréquation au sein des politiques publiques. Un autre fondement semble plus robuste pour justifier l'essor de la péréquation, il s'agit de la cohésion territoriale (§ 2).

§ 1. La péréquation au service de la politique d'aménagement du territoire

La rencontre entre l'aménagement du territoire et la péréquation s'avère relativement récente (A) et se renforce à la lumière des inégalités entre territoires (B).

A. La rencontre entre la péréquation et l'aménagement du territoire

La place des collectivités territoriales dans la gestion des inégalités n'est jamais réellement théorisée et pour cause, car jusqu'à présent, une telle mission incombe à l'État et à la sécurité sociale, notamment par le biais des prestations de solidarité et par la progressivité des impôts. Traditionnellement, la redistribution fonctionne par deux types de transferts :

– d'un côté, les prélèvements sociaux et fiscaux directs : cotisations redistributives (logement, famille, taxes diverses au titre des transports et de l'apprentissage), contribution au remboursement de la dette sociale (CRDS), contribution sociale généralisée (CSG) hors maladie, impôt sur le revenu et taxe d'habitation ;

– de l'autre côté, les prestations sociales versées aux ménages : prestations familiales sans condition de ressources et sous condition de ressources, aides au logement, minima sociaux et allocation personnalisée d'autonomie (APA) destinée aux personnes âgées dépendantes…

La jonction entre la politique d'aménagement du territoire et la péréquation est l'œuvre de la loi du 4 février 1995[137], avec un chapitre consacré à la péréquation des finances locales. Selon son article 68,

> « la réduction des écarts de ressources entre les collectivités territoriales, en fonction de leurs disparités de richesse et de charges, constitue un objectif fondamental de la politique d'aménagement du territoire ».

Dès lors, la péréquation possède une utilité, réduire les inégalités entre territoires.

B. De l'utilité de la péréquation pour résoudre les inégalités entre territoires

L'urgence de la péréquation peut sembler un faux débat à la lumière du tassement apparent des inégalités depuis le XIXe siècle (1). En réalité, de nouvelles inégalités ne cessent d'apparaître (2).

137. *Op. cit.*

1. Le tassement apparent des inégalités depuis le XIXe siècle

La consécration de la péréquation prête à discussion, tant la valeur ajoutée produite sur le territoire s'uniformise depuis le milieu du XIXe siècle[138].

Une étude de 2008 de l'OCDE confirme à nouveau la bonne position de la France en termes d'inégalités régionales en fonction du PIB :

Document 13

Indice d'inégalité de Gini[139] *du PIB par tête pour les différentes régions de chaque pays, 2003*

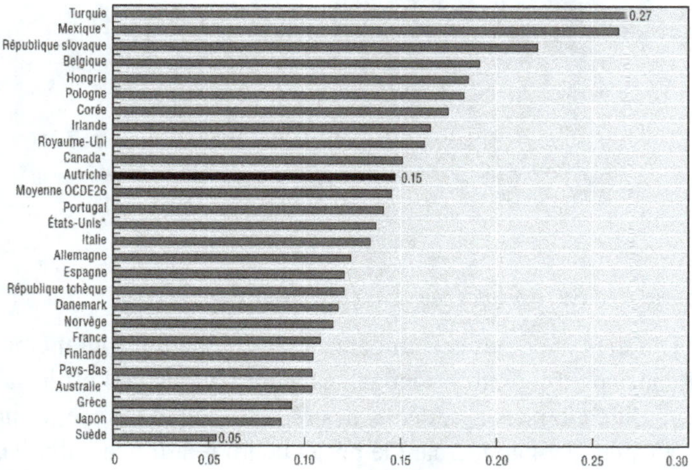

Source : H. Blöchliger, C. Charbit, « Péréquation financière », *Revue économique de l'OCDE* 1/2008 (n° 44), p. 283-309.

---

138. P.-P. Combes, M. Lafourcade, J.-F. Thisse, J.-C. Toutain, « The Rise and Fall of Spatial Inequalities in France : a Long-run Perspective », Working paper, n° 2008-54.

139. L'indice de Gini est un indicateur synthétique d'inégalités. Il varie entre 0 et 1. Il est égal à 0 dans une situation d'égalité parfaite. À l'inverse, il est égal à 1 dans une situation la plus inégalitaire possible.

Par ailleurs, une récente étude démontre que la décennie 2000 n'apporte pas, concernant cette fois les inégalités de revenus entre habitants, de réelles évolutions et que les inégalités entre territoires régionaux s'avèrent, au premier abord, relativement faibles, mise à part la situation de l'Île-de-France.

Document 14

Le revenu brut par habitant des régions (2001-2008)

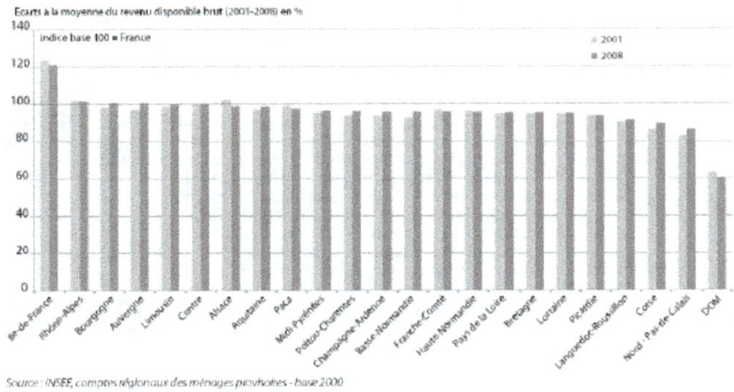

Source : INSEE, *Comptes régionaux des ménages.*

D'autres hypothèses étrangères à la péréquation sont même envisagées pour réduire les inégalités entre régions : tel est le cas de la modification des périmètres des régions. Selon l'étude d'impact du 17 juin 2014 concernant le projet de loi relatif à la délimitation des régions, aux élections régionales et départementales et modifiant le calendrier électoral la nouvelle carte des régions réduirait les inégalités entre territoires ainsi que l'illustrent les cartes de France ci-dessous :

Document 15

Carte du PIB par habitant en 2012

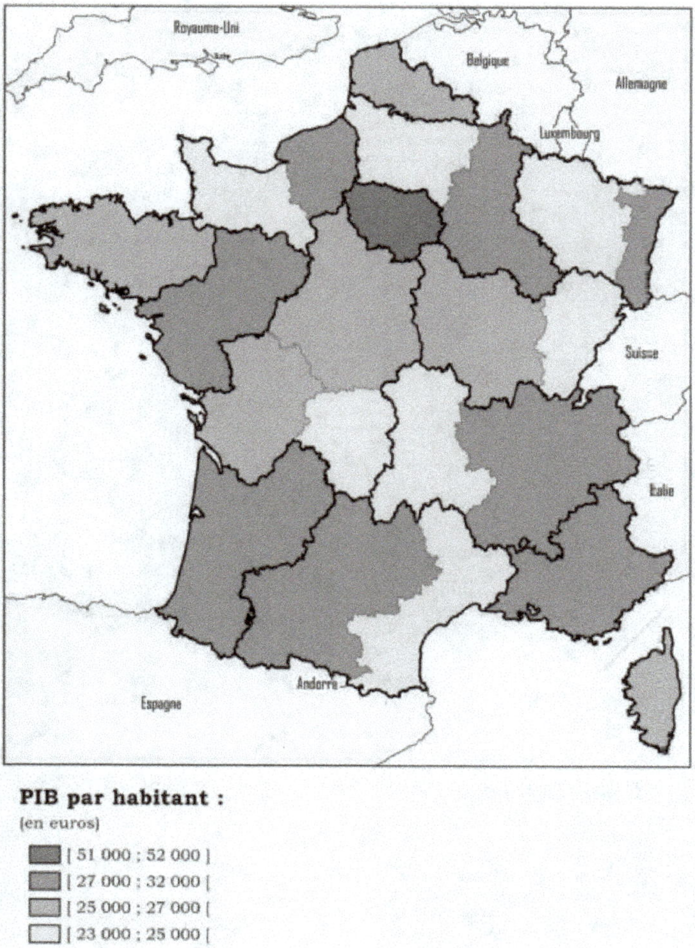

Source : Étude d'impact du projet de loi relatif à la délimitation des régions, aux élections régionales et départementales et modifiant le calendrier électoral.

Document 16

Carte du PIB en 2012 par grande région

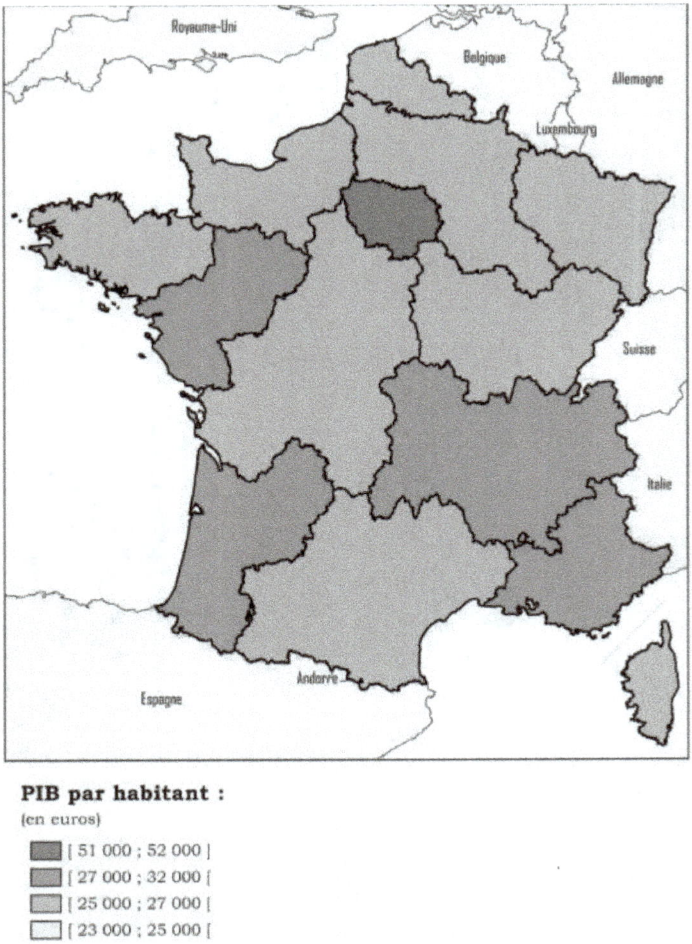

Source : Étude d'impact du projet de loi relatif à la délimitation des régions, aux élections régionales et départementales et modifiant le calendrier électoral.

Aussi, se focaliser sur cette question de péréquation peut sembler inutile. Cependant, d'autres analyses invitent à relativiser cette position.

2. La mise en exergue de nouvelles inégalités

De nouvelles inégalités territoriales sont décelées et sont progressivement mises à jour tant en matière de santé, d'éducation, d'accès à l'enseignement supérieur ou encore d'environnement... Longtemps cantonnés à la prise en compte de la richesse produite, les indicateurs cherchent désormais à mesurer les inégalités de développement humain[140].

Les inégalités de ressources entre habitants sont, à cet égard, reparties à la hausse depuis 2010, ainsi que le démontre le graphique ci-dessous :

Document 17

Rapport entre le niveau de vie plancher des 10 % les plus riches et le niveau de vie plafond des 10 % les plus pauvres

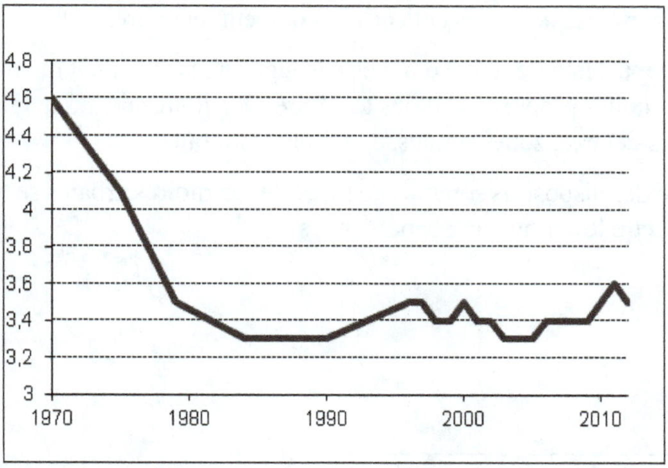

Source : INSEE.

140. *Vers l'égalité des territoires – Dynamiques, mesures, politiques*, dirigé par E. LAURENT, 2013.

Par ailleurs, les inégalités intra-territoriales s'accroissent considérablement avec des zones totalement appauvries et avec des habitants cumulant des problèmes d'emploi, de santé et d'accès aux services publics. De nouvelles tendances territoriales s'affirment. Selon une étude de 2014 de l'INSEE, en termes de revenu,

> « au sein des grandes aires urbaines, mais aussi des petites et moyennes aires, les revenus sont généralement plus élevés dans la périphérie, appelée "couronne", que dans le "pôle" lui-même, aux exceptions notables des agglomérations de Lyon et Paris. Si l'on zoome, au sein même des grands pôles urbains, les revenus sont plus élevés en banlieue qu'en ville-centre. C'est dans les villes-centres que les contrastes sociaux sont les plus forts et ils s'accentuent entre 2007 et 2011 »[141].

Pallier les difficultés financières relève pourtant pleinement du rôle des collectivités territoriales compte tenu de leurs compétences[142].

Les territoires urbains défavorisés, les zones rurales et certains secteurs géographiques constituent des poches frappées de difficultés sociales auxquelles les collectivités doivent répondre.

Depuis une trentaine d'années, le législateur reconnaît même les spécificités propres à certains territoires, territoires de montagne[143], villes-centres, zones rurales, communes littorales.

Si des dispositifs sont mis en place, les territoires urbains se trouvent être les principaux bénéficiaires.

---

141. INSEE, « Vue d'ensemble », *Revenu*, 2014, J.-M. FLOCH, p. 3.

142. Voir V. DONIER, *Droit des collectivités territoriales*, Dalloz, 2014, 192 p.

143. L'article 1er de la loi Montagne du 9 janvier 1985 consacre le principe suivant lequel « la République française reconnaît la montagne comme un ensemble de territoires dont le développement équitable et durable constitue un objectif d'intérêt national ».

La qualité de ville éligible à telle ou telle dotation permet ainsi de bénéficier de certaines ressources. À cet égard, dès 1991, au sein de la DGF a été créée la dotation de solidarité urbaine, régulièrement réformée.

Récemment, l'article 67 de la loi n° 2013-595 du 8 juillet 2013[144] a même créé un fonds d'amorçage pour les communes éligibles à la DSR en lien avec les nouvelles obligations créées pour les communes concernant la refondation de l'école.

Lieu de concentration des richesses, la ville constitue en effet le réceptacle de la pauvreté. Ainsi,

> « les données montrent clairement que la pauvreté se concentre dans les villes les plus importantes. Les 100 plus grandes villes rassemblent un tiers des ménages pauvres, alors qu'elles ne regroupent qu'un cinquième de la population. La ville attire les plus démunis, notamment parce qu'on y trouve le plus de logements sociaux et d'emplois »[145].

Le rapport Laurent de 2013 synthétise la nécessité d'aider les villes en indiquant que

> « la solidarité entre territoires par zonage et péréquation ne peut pas se réduire à une géographie prioritaire et une redistribution statique, elle doit être refondée à partir d'une approche dynamique et transparente de la justice territoriale »[146].

Toutefois, l'une des difficultés de la péréquation relative au milieu urbain concerne l'évolution de la démographie des territoires et l'évolution des activités économiques au sein de petits territoires,

---

144. Loi n° 2013-595 du 8 juillet 2013 d'orientation et de programmation pour la refondation de l'école de la République, *JO* du 9 juillet 2013, p. 11379.

145. H. GUERY, « Les enjeux de l'observation sociale locale », *in* E. LAURENT (dir.), *Vers l'égalité des territoires*, 2013, p. 171.

146. Rapport préc.

d'où la nécessité d'une adaptation rapide de certaines structures administratives. Ce faisant, la logique d'aménagement du territoire rejoint celle de la théorie économique.

§ 2. La péréquation au service de la cohésion territoriale

L'absence de fondement normatif clairement affirmé à l'aménagement du territoire pousse nécessairement à s'interroger sur d'autres logiques plus affirmées pour la péréquation. Le concept de cohésion territoriale, compte tenu de son ancrage sur le plan communautaire, pourrait constituer cette finalité à laquelle concourt la péréquation, malgré son caractère encore mouvant (A). En complément de cette construction théorique, une interrogation plus financière sur les montants de la péréquation implique, par ailleurs, de s'interroger sur l'efficacité de la péréquation au regard de la cohésion territoriale (B).

A. La construction du concept de cohésion territoriale

Dans la logique utilitariste, théorisée par J. Bentham, l'objectif de justice territoriale réside dans la maximisation du bien-être collectif, peu importe l'existence de fortes inégalités. À l'inverse, les théories défendues notamment par J. Rawls, dans sa théorie de la justice, proposent un autre modèle fondé sur deux idées fortes :

- le principe de différence : les inégalités constatées dans une société ne sont acceptables que si elles contribuent à l'augmentation du bien-être collectif;
- le principe de réparation : une société équitable doit accorder davantage d'attention aux personnes et aux territoires démunis qu'à l'ensemble de la population ou du territoire.

Pour E. Laurent,

> « dans l'ordre territorial, on pourrait ainsi identifier les préceptes rawlsiens à la combinaison d'un droit universel à la mobilité et d'une géographie prioritaire qui ciblerait les territoires les plus en difficulté sociale »[147].

Cependant, raisonner à partir de la théorie rawlsanienne présente un inconvénient majeur en ce qu'elle compare « une situation réelle à une situation hypothétique »[148]. L'approche théorique s'avère donc limitée. D'un point de vue plus pratique, la Cour des comptes pose deux fondements concernant la péréquation :

- un en termes d'équité, car finalement elle estime que l'action publique implique « le droit de chaque citoyen à accéder, où qu'il soit, à un service public d'égale qualité pour un niveau donné de pression fiscale » ;
- un autre en termes d'efficacité, car la dépense publique locale ne répond pas vraiment aux besoins des contribuables locaux[149].

À ces instruments théoriques s'ajoute l'absence d'une finalité clairement avérée dans le droit français. Une autre alternative peut pourtant provenir du droit de l'Union européenne. L'article 174 du TFUE érige, en effet, la cohésion territoriale comme étant un des objectifs déclarés de l'Union européenne.

Selon cet article :

> « Afin de promouvoir un développement harmonieux de l'ensemble de l'Union, celle-ci développe et poursuit son action tendant au renforcement de sa cohésion économique, sociale et territoriale.

147. E. LAURENT, « Vers l'égalité des territoires : une introduction », La Documentation française, 2013, p. 15.

148. A. BIHR et R. PFEFFERKORM, *Le système des inégalités*, 2008, coll. « Repères ». La Découverte, p. 22.

149. Conseil des prélèvements obligatoires, *La fiscalité locale*, mai 2010, p. 421.

> En particulier, l'Union vise à réduire l'écart entre les niveaux de développement des diverses régions et le retard des régions les moins favorisées. »

Plus précisément, cette disposition insiste sur les difficultés que rencontrent certaines régions en indiquant que

> « parmi les régions concernées, une attention particulière est accordée aux zones rurales, aux zones où s'opère une transition industrielle et aux régions qui souffrent de handicaps naturels ou démographiques graves et permanents, telles que les régions les plus septentrionales à très faible densité de population et les régions insulaires, transfrontalières et de montagne ».

Ces territoires correspondent en partie à ceux abritant des collectivités territoriales souffrant de difficultés financières en raison de ressources moindres et de dépenses plus importantes.

L'approche retenue par la Commission européenne, dans son *3e Rapport sur la cohésion* de 2004, ressemble à celle de la péréquation. L'objectif de la cohésion territoriale

> « est de parvenir à un développement équilibré en réduisant les disparités existantes, en évitant les déséquilibres territoriaux et en rendant plus cohérentes à la fois les politiques sectorielles qui ont un impact territorial et la politique régionale. La préoccupation est aussi d'améliorer l'intégration territoriale et d'encourager la coopération entre régions »[150].

Cette démarche s'inscrit progressivement dans les politiques publiques françaises, notamment au sein des propos de la DATAR pour qui « la cohésion territoriale consiste à garantir le développement harmonieux de tous ces territoires et à permettre à leurs habitants de tirer le meilleur parti de leurs caractéristiques propres »[151].

---

150. Commission européenne, 3e rapport sur la cohésion économique et sociale Un nouveau partenariat pour la cohésion convergence compétitivité coopération, 2004, p. 27.

151. *http://www.datar.gouv.fr/observatoire-des-territoires/fr/acc-s-par-indicateurs/coh-sion-territoriale.*

En outre, l'une des craintes liées à ce concept, qui résiderait dans l'exclusion des quartiers urbains défavorisés, doit être levée à l'aune de la loi de programmation pour la ville et la cohésion urbaine du 21 février 2014 (nº 2014-173). Selon son article 1er,

> « la politique de la ville est une politique de cohésion urbaine et de solidarité, nationale et locale, envers les quartiers défavorisés et leurs habitants. Elle est conduite par l'État, les collectivités territoriales et leurs groupements dans l'objectif commun d'assurer l'égalité entre les territoires, de réduire les écarts de développement entre les quartiers défavorisés et leurs unités urbaines et d'améliorer les conditions de vie de leurs habitants ».

Dans tous les cas, au-delà des fondements théoriques de la péréquation, la réalité implique d'étudier les montants dédiés à la péréquation.

B. Le montant optimum de la péréquation

Aucun État ne connaît le même mode d'organisation, ni par ailleurs les mêmes montants dédiés à la péréquation. Cette difficulté théorique s'explique par la diversité de la dépense publique locale. Le graphique ci-dessous illustre ainsi la faible part des dépenses des collectivités françaises au regard de ses voisins étrangers.

Document 18

Ratios de décentralisation

(Part des recettes et des dépenses décentralisées : 0 = 0 %, 1 = 100 %)

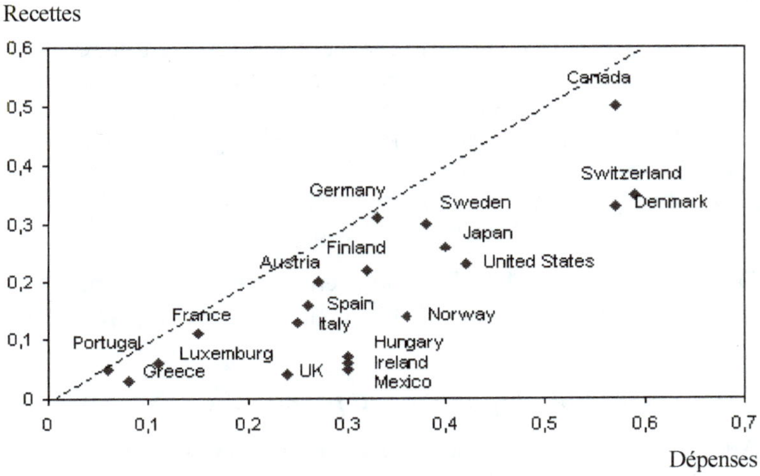

Source : Sénat, *Perspectives d'évolution de la fiscalité locale*, 13 mai 2003, J. Arthuis.

Même si les lois de décentralisation accroissent les compétences locales, cela ne modifie pas les données générales au point que les collectivités françaises rattrapent les dépenses exercées par les entités fédérées dans les États fédéraux.

Selon une étude de 2010 de l'institut T. Moore réalisée à la demande du Sénat, « sept pays enfin consacrent plus de 2,3 % de leur PIB (moyenne constatée dans la dernière enquête de l'OCDE) aux mécanismes de péréquation : l'Autriche, l'Espagne, la Finlande, l'Italie, le Japon, le Mexique et la Suisse »[152].

152. « Quelles perspectives pour la péréquation en France après la suppression de la taxe professionnelle ? », Étude comparative des mécanismes de péréquation dans 11 pays de l'OCDE, 22 juin 2010, Rapport réalisé en partenariat avec l'agence Public Evaluation System, présenté à la Commission des Finances du Sénat le mardi 22 juin 2010.

La France apparaît par ailleurs en retrait. En 2013, selon le jaune budgétaire associé à la loi de finances pour 2014, 8,9 milliards d'euros ont été consacrés à la péréquation[153], ce qui représente une somme peu importante à la lumière d'autres pays :

Document 19

Dotation de péréquation (en millions d'euros)

	Montant (M€)	**Poids dans le total de la péréquation**
Dotation de péréquation des régions	193	2,20 %
DFM	623	7,00 %
DPU	790	8,90 %
Dotation d'intercommunalité	**2 702**	**30,30 %**
DSU	1 491	16,70 %
DSR	969	10,90 %
DNP	774	8,70 %
FDPTP	430	4,80 %
Total péréquation verticale	**7 972**	**89,30 %**
FSRIF	230	2,60 %
FPIC	360	4,00 %
Fonds de péréquation des DMTO	279	3,10 %
Fonds CVAE des départements	60	0,70 %
Fonds de péréquation des ressources des régions	23	0,30 %
Total péréquation horizontale	**952**	**10,70 %**
TOTAL	**8 924**	**100 %**

Source : Jaune budgétaire, *Transferts financiers de l'État vers les collectivités territoriales*, projet de loi de finances pour 2014.

Ce chiffre de 8,9 milliards d'euros est à comparer avec le volume des dépenses publiques locales s'élevant à 242,5 milliards d'euros en 2012.

153. Jaune budgétaire, *Transferts financiers de l'État vers les collectivités territoriales*, projet de loi de finances pour 2014.

CHAPITRE 3

LE CADRE INSTITUTIONNEL ET CONSTITUTIONNEL

Un certain nombre de questions traversent tous les systèmes juridiques concernant la péréquation entre les entités distinctes de l'État. La péréquation revêt toutefois une acuité particulière dans un État fédéral, car elle constitue un outil pour assurer la diversité des entités infra-étatiques. À l'inverse, la prégnance du principe d'unité au sein des États unitaires limite la portée de la péréquation. De façon générale, pour J. Anastopoulos, la péréquation financière est « destinée à corriger les déséquilibres structurels des collectivités fédérées et à assurer ainsi l'égalité entre les citoyens de l'union fédérale »[154]. Cela explique que les interrogations techniques soient similaires, peu importe la structure de l'État :

– niveau idéal de ressources pour chaque collectivité ;
– niveau institutionnel qui doit gérer la péréquation (État, Land, région, département…) ;
– lien entre péréquation et compensation des transferts de compétences opérés par un niveau supérieur vers un niveau inférieur ;
– type de péréquation (horizontale ou verticale).

Toutes ces questions, à l'heure actuelle, sont appréhendées au travers d'un cadre juridique mouvant qui dépend de l'association des entités infra-étatiques au processus décisionnel en matière de

154. J. ANASTOPOULOS, « Finances publiques et fédéralisme », *RFFP*, n° 20, 1987, p. 9.

péréquation (*Section 1*), de la place de l'État ou plus précisément de son retour dans le processus de décentralisation (*Section 2*) et enfin de son cadre constitutionnel (*Section 3*). Cependant, au-delà du cadre général, les indicateurs et les mécanismes de la péréquation se révèlent inévitables pour apprécier l'ampleur de la solidarité financière *(Section 4)*.

SECTION 1 – L'ASSOCIATION DES ENTITÉS INFRA-ÉTATIQUES AU PROCESSUS DÉCISIONNEL EN MATIÈRE DE PÉRÉQUATION

La Constitution française laisse le législateur entièrement libre de définir le type de péréquation (horizontale, verticale…) ainsi que les montants de celle-ci, conformément à l'article 34 de la C selon lequel :

> « La loi détermine les principes fondamentaux [concernant] la libre administration des collectivités territoriales, de leurs compétences et de leurs ressources. »

Cette caractéristique propre à la France ne se manifeste pas dans tous les États. Les systèmes australien (§ 1) et allemand (§ 2) se définissent, au contraire, par la recherche d'une association entre l'État et les entités infra-étatiques dans la définition de la péréquation. Aussi, l'étude de ces systèmes facilite la compréhension des spécificités françaises (§ 3).

§ 1. L'exemple australien

En Australie, la Commonwealth Grants Commission (CGC), créée en 1933, constitue une agence fédérale chargée de fournir des avis sur les procédés de péréquation entre les États fédérés. La répartition des ressources s'effectue par le Gouvernement selon les recommandations formulées par la Commission des transferts du Commonwealth (« Commonwealth Grants Commission » ou CGC). La CGC tient compte des principes de péréquation fiscale horizontale, qu'elle résume en disant que chaque État doit avoir la capacité d'assurer un niveau de services publics qui corresponde à celui de la moyenne des États et qu'il déploie un effort correspondant à la moyenne pour se procurer des revenus autonomes[155].

Cette agence s'occupe des décisions les plus importantes, sachant qu'en termes de fonctionnement, elle a acquis une réputation d'indépendance. Comme l'expliquent A. Lecours et D. Béland,

> « the five commissioners are typically former civil servants who have worked in the treasury of various jurisdictions, or respected academics viewed as nonpartisan »[156].

En outre, l'État n'intervient pas dans les avis qu'elle rend, il les suit systématiquement[157].

Cette institution définit même son propre mode de fonctionnement :

> « State Governements should receive funding from the Commonwealth such that, if each made the same effort to raise revenue from its own sources and operated at the same level

---

155. *Le système de péréquation australien*, P. LE GOFF, Division de l'économie, 31 mars 2005.

156. A. LECOURS et D. BELAND, « The Institutionnal Politics of Territorial Redistribution : Federalism and Equalization Policy in Australia and Canada », *Revue canadienne de science politique*, n° 46, 2013, p. 105. La traduction française de cette formulation est la suivante : « Les cinq commissaires sont des anciens fonctionnaires typiques qui ont travaillé à la direction du Trésor au sein de nombreuses juridictions et qui sont des agents respectés avec une vision non partisane. »

157. « The CGC determines relativities it deems appropriate for the distribution of GST money between states. The Commonwealth government plays no role in this process and its department specializing in fiscal affairs, the Treasury, has very l*ittle expertise on equalization* », *op. cit.*, p. 104. La traduction française de cette formulation est la suivante : « La CGC détermine la politique qu'il juge appropriée pour la distribution de l'argent de GST entre les États. Le gouvernement du Commonwealth ne joue aucun rôle dans ce procédé et son département spécialisé dans les affaires fiscales, le Trésor a très peu d'expertise sur la péréquation ».

of efficiency, each would have the capacity to provide services at the same standard [158]. »

§ 2. L'exemple allemand

Si l'exigence de péréquation est inscrite dans la Loi fondamentale allemande[159], rien n'est prévu, en revanche, pour les modalités de mise en œuvre de la péréquation. Le fonctionnement législatif classique s'applique donc avec l'intervention du Bundesrat, représentant les Länder dans l'élaboration des lois relatives à la péréquation. Contrairement à d'autres pays, la Cour suprême allemande joue un rôle non négligeable. Elle assume, en effet, une mission particulière dépassant de loin le contrôle de constitutionnalité exercé en France. Aussi, intervenant dans les conflits liés à la structure fédérale, elle assume une fonction particulière au regard de la péréquation. Dans sa décision du 11 novembre 1999[160], la Cour rappelle même que la péréquation ne doit pas nuire à la « fonction d'encouragement à l'innovation d'une concurrence politique entre les États et vis-à-vis de la fédération » (section 214) et surtout elle indique que la péréquation ne doit pas relever seulement du Bundesrat, mais également du gouvernement fédéral (section 284).

Le droit allemand s'est, par ailleurs, depuis peu adjoint un nouvel organe qui intervient dans le processus de définition de la péréquation. Devant l'essor de la dette allemande et surtout la dette contractée par les Länder, le Constituant a réagi en inscrivant dans la loi fondamentale en 2009, la « règle d'or » interdisant tout déficit

---

158. CGC, 2008 : 27). Selon la traduction française de cette formulation, « les gouvernements d'États devraient recevoir des fonds du Commonwealth en tenant compte du fait que chaque État devrait effectuer le même effort relatif à l'augmentation de ses propres ressources tout en fonctionnant avec le même niveau d'efficacité et une offre de services à un niveau comparable ».

159. Voir *supra*.

160. *BVerfG*, 2 BvF 2/98 du 11 novembre 1999, n° 1-347 ; *http://www.bverfg.de/*.

budgétaire structurel aux Länder à partir de 2020. En contrepartie, les États reçoivent une aide de consolidation. L'État fédéral menace les États qui ne se plieraient pas à cette règle de leur supprimer cette aide. Cependant, la loi fondamentale ne prévoit pas de mécanisme de sanctions en cas de déficit excessif des Länder. Cette même loi instaure le Conseil de stabilité. Selon le nouvel article 109 de la Loi fondamentale,

> « pour prévenir des situations de crise budgétaire, une loi fédérale requérant l'approbation du Bundesrat fixe : 1. le contrôle permanent de la gestion (ou politique) budgétaire de la Fédération et des Länder par un organisme collégial commun (Conseil de stabilité) ».

Comme le précise S. Flizot,

> « si ce collège ne dispose d'aucun pouvoir décisionnel ou de sanction se pose néanmoins la question de savoir s'il existe des possibilités de contrainte… »

Il ajoute :

> « Si un risque de crise budgétaire est détecté, le Conseil de stabilité effectue un examen qui tient compte de tous les éléments jugés pertinents : niveau et évolution de la dette, déficit budgétaire, charge des intérêts d'emprunt, évolution et structure des dépenses et des recettes. Sur la base de cet examen, le Conseil décide s'il existe un risque de crise budgétaire et adopte, en conséquence, une résolution[161]. »

Le Conseil de stabilité, lorsqu'il intervient, peut donc prendre en compte la solidarité financière dans ses avis.

161. S. Flizot, « Les règles constitutionnelles de limitation de l'endettement public : l'exemple allemand », *http://www.juspoliticum.com/Les-regles-constitutionnelles-de.html.*

§ 3. Le droit français

L'association des collectivités infra-étatiques au processus financier résulte principalement de la loi (A), même si des outils de concertation sont régulièrement utilisés (B).

A. La primauté de la loi

L'article 72-2 alinéa 5 de la C indique que « la loi prévoit des dispositifs de péréquation ». Cette consécration constitutionnelle de 2003 entérine le fait que tous les dispositifs sont créés par la loi, le pouvoir réglementaire ne disposant en la matière que de très peu de pouvoirs. L'association des collectivités territoriales n'est donc pas prévue sur le plan constitutionnel.

B. Les instruments de concertation

Même si le législateur possède les pleins pouvoirs pour régler toute question relative à la péréquation, le Comité des finances locales (CFL), composé de 32 membres titulaires élus et 32 suppléants (représentants des assemblées parlementaires et représentants élus des régions, des départements, des communes et de leurs groupements), participe à la fixation des critères de péréquation[162]. Cet organe est ainsi régulièrement consulté sur des thèmes intéressant les finances locales et, selon l'article L. 1211-3 du CGCT, le CFL participe à la répartition de la DGF, une fois que son montant a été voté par le législateur. Il fixe l'évolution de certaines parts en son sein.

Les pouvoirs du CFL sont, par ailleurs, adaptés au gel des concours financiers depuis 2011. Il lui a ainsi été donné la possibilité en 2012 d'agir sur la minoration des parts garanties ainsi que sur la minoration des parts compensations de la DGF pour majorer les montants

---

162. Il convient également d'ajouter 11 représentants de l'État titulaires et 11 suppléants dont la liste est fixée par décret.

des dotations de péréquation et financer les composantes de la DGF progressant mécaniquement. S'agissant du Fonds national de péréquation des droits de mutation à titre onéreux (DMTO) perçus par les départements, la possibilité est ouverte pour le CFL de mettre en réserve une partie des ressources du fonds lorsque celles-ci dépasseraient un certain seuil afin d'alimenter le fonds lors d'années moins fastes. Malgré tout, son rôle en matière de péréquation demeure réduit.

En réalité, il n'existe aucune structure spécifique dédiée à la péréquation rejoignant ainsi la question plus globale de la gouvernance des finances publiques locales. Dès lors, doit-on tendre vers de nouvelles structures ou plutôt vers l'adoption d'une loi relative aux finances locales comme le préconise la Cour des comptes[163] ?

SECTION 2 – DE LA PÉRÉQUATION À LA RECENTRALISATION

La péréquation renforce indéniablement l'État et pourrait même constituer l'une des finalités de sa légitimité sur le plan local[164]. Concrètement, ce retour de l'État se manifeste par l'utilisation de procédés de contrôle des dotations (§ 1) et par la création de nouvelles structures institutionnelles (§ 2).

---

163. Cour des comptes, *Rapport sur les finances publiques locales*, 2014, p. 85.

164. Voir M. HOUSER, *L'intervention de l'État et la coopération entre communes*, L'Harmattan, 2009, 592 p.

§ 1. Les procédés de contrôle des dotations

L'apparition de tels procédés constitue, à l'heure actuelle, une tendance propre à plusieurs États. L'étude des mécanismes mis en place à l'étranger (A) permet de mieux apprécier la portée de ceux-ci en France (B).

A. Les exemples du droit étranger

L'instauration de procédés de solidarité ou de péréquation facilite le retour de l'État sur le plan local. Le premier aspect de cette évolution concerne bien évidemment le procédé législatif pour imposer des mécanismes de péréquation, parfois horizontaux, qui aboutissent ainsi à priver les entités infra-étatiques de certaines ressources. L'exemple allemand est révélateur avec l'article 107 de la Loi fondamentale selon lequel la Fédération ne peut verser une aide qu'à la seule condition que les Länder aient augmenté leurs recettes ou diminué leurs dépenses. L'aide de la fédération n'est par ailleurs attribuée que si les États démontrent que tous les moyens ont été mis en œuvre pour réduire leur déficit. Avec le pacte de stabilité, l'autonomie des Länder peut également être limitée en cas de fort endettement.

L'Italie s'inscrit à son tour dans une logique similaire grâce à un mécanisme de péréquation versé en deux temps, une fois au début de l'exercice et une deuxième fois à la fin de celui-ci, permettant dès lors à l'État d'imposer certaines mesures[165].

B. Le cas de la France

Le retour de l'État n'est pas propre à l'Allemagne ou à l'Italie, la France s'engage également dans cette voie. Ainsi en est-il, par exemple, du fonds spécial créé en 2012 pour les départements en

165. Natixis, *Fédéralisme fiscal : l'Italie à la croisée des chemins*, 6 février 2013, n° 120.

grande difficulté financière. L'article 48 de la loi du 29 décembre 2012[166], qui permet selon un certain nombre de critères d'accorder des fonds à un département, prévoit le versement de cette aide à l'issue d'une convention. Celle-ci « précise le montant de la subvention et indique les mesures prises par le département pour améliorer sa situation financière ». L'État peut ainsi imposer certaines exigences aux départements, faute de quoi il ne signera pas la convention.

Un autre exemple est révélateur avec la dotation de développement urbain (DDU), créée par l'article 172 de la loi n° 2008-1425 du 27 décembre 2008 de finances pour 2009[167] et renommée dotation politique de la ville par l'article 2 de la loi du 21 février 2014[168]. Cette dotation vise à compléter la logique de péréquation poursuivie dans le cadre de la DSU par un soutien renforcé aux quartiers les plus en difficulté.

La particularité de la DDU tient compte, par ailleurs, de la logique de contractualisation dans laquelle elle s'inscrit. Par ce biais, l'État contrôle l'utilisation par les collectivités territoriales et les EPCI des moyens de péréquation mis à leur disposition.

L'utilisation des crédits alloués au titre de la DDU fait en outre l'objet d'un accord entre les communes éligibles ou l'EPCI à fiscalité propre dont elles sont membres (s'il est doté de la compétence politique de la ville) et le représentant de l'État dans le département. Seules les communes bénéficiaires de la DSU et sous convention avec l'Agence nationale pour la rénovation urbaine (ANRU) sont néanmoins susceptibles de la percevoir. Son périmètre d'éligibilité n'englobe donc qu'une partie de l'effectif des communes en politique de la ville. Elle est versée à 100 communes en rénovation urbaine,

166. Loi n° 2012-1510 du 29 décembre 2012 de finances rectificative pour 2012, *JO* du 30 décembre 2012, p. 20920.

167. Loi n° 2008-1425 du 27 décembre 2008 de finances pour 2009, *JO* du 28 décembre 2008, p. 20224.

168. Voir *supra*.

dont au moins 20 % de la population réside en zone urbaine sensible (ZUS) ou en zone franche urbaine (ZFU) et présentant des difficultés financières et sociales importantes.

Un autre exemple de ce retour de l'État est donné par l'article de 12 de la loi du 21 avril 2014 de programmation pour la ville et la cohésion urbaine[169]. Le dispositif mis en place promeut davantage l'État, car le contrat de ville qu'il signe avec les communautés urbaines et les métropoles définit :

> « Les objectifs de péréquation et de renforcement des solidarités financière et fiscale entre ses communes membres sur la durée du contrat de ville. »

En outre :

> « L'établissement public de coopération intercommunale à fiscalité propre s'engage, lors de la signature du contrat de ville, à élaborer, en concertation avec ses communes membres, un pacte financier et fiscal de solidarité visant à réduire les disparités de charges et de recettes entre ces dernières. Ce pacte tient compte des efforts de mutualisation des recettes et des charges déjà engagés ou envisagés à l'occasion des transferts de compétences, des règles d'évolution des attributions de compensation, des politiques communautaires poursuivies au moyen des fonds de concours ou de la dotation de solidarité communautaire ainsi que des critères retenus par l'organe délibérant de l'établissement public de coopération intercommunale à fiscalité propre pour répartir, le cas échéant, les prélèvements ou reversements au titre du Fonds national de péréquation des ressources intercommunales et communales. »

Ainsi, par le procédé contractuel, l'État contrôle la mise en place d'une logique de solidarité. Ce même article 12 va encore plus loin, car il impose une obligation aux EPCI dans les termes suivants :

169. Loi n° 2014-173 du 21 février 2014 de programmation pour la ville et la cohésion urbaine, *JO* du 22 février 2014, p. 3138.

> « À défaut d'avoir élaboré un tel pacte ou de s'engager à l'élaborer dans la première année de mise en œuvre du contrat de ville, l'établissement public de coopération intercommunale à fiscalité propre est tenu d'instituer, dans le cadre d'un contrat de ville, une dotation de solidarité communautaire, dont le montant est réparti en fonction de critères de péréquation concourant à la réduction des disparités de ressources et de charges entre les communes. »

§ 2. De nouvelles structures institutionnelles

L'égalité entre les territoires constitue une finalité clairement affirmée de l'État. La création par le décret du 31 mars 2014 d'un Commissariat général à l'égalité des territoires (CGET) l'atteste[170]. Placé sous l'autorité du Premier ministre, le CGET réunit les missions et agents de la délégation interministérielle à l'aménagement du territoire et à l'attractivité régionale (Datar), du Secrétariat général du comité interministériel des villes (SGCIV) et de l'Agence nationale pour la cohésion sociale et l'égalité des chances (Acsé). Les missions du CGET sont de concevoir et mettre en œuvre la politique nationale d'égalité des territoires, et d'en assurer le suivi et la coordination interministérielle.

La création d'une telle structure ne sera pas neutre au regard de la péréquation. Selon le rapport rendu en février 2013 concernant la création d'un Commissariat général à l'égalité des territoires, la péréquation s'inscrit dans ses missions. Ce rapport estime que le Commissariat a l'obligation de veiller à une réelle cohérence entre la péréquation horizontale et verticale. Par ailleurs, le retour de l'État

---

170. Décret n° 2014-394 du 31 mars 2014 portant création du Commissariat général à l'égalité des territoires, *JO* n° 78 du 2 avril 2014.

se manifeste encore plus nettement dans ce rapport, lorsqu'il indique que le Commissariat doit vérifier l'« usage cohérent des crédits de péréquation »[171]. En outre, le CGET

> « doit pouvoir influer, par un meilleur usage des fonds de péréquation, sur les capacités financières des collectivités ; il doit veiller à ce que la répartition des moyens de l'État permette un meilleur accès aux services publics »[172].

SECTION 3 – LE CADRE CONSTITUTIONNEL FRANÇAIS À LA LUMIÈRE DU DROIT COMPARÉ

La péréquation, en tant que caractéristique majeure des finances locales, n'échappe au mouvement de constitutionnalisation des finances publiques décrit par L. Philip[173], ce qui peut sembler normal, tant la solidarité financière s'avère indubitablement liée à la décentralisation. Il n'est, dès lors, pas surprenant que l'article 9 alinéa 5 de la Charte européenne de l'autonomie locale soit consacré à cette question. Selon ce dernier :

> « La protection des collectivités locales financièrement plus faibles appelle la mise en place de procédures de péréquation financière ou des mesures équivalentes destinées à corriger les effets de la répartition inégale des sources potentielles de financement ainsi que des charges qui leur incombent. De telles procédures ou mesures ne doivent pas réduire la liberté d'option des collectivités locales dans leur propre domaine de responsabilité. »

171. T. WAHL, *Rapport relatif à la création d'un commissariat général à l'égalité des territoires*, février 2013, p. 54.

172. *Ibid.*, p. 55.

173. Sur l'émergence du mouvement de constitutionnalisation des finances publiques, voir L. PHILIP, *Les fondements constitutionnels des finances publiques*, Economica, 1995, p. 112.

En complément de cette charte, l'environnement constitutionnel d'un certain nombre d'États mentionne la péréquation en son sein (§ 1). Ce panorama implique, par ailleurs, une étude plus précise du système allemand (§ 2) et canadien (§ 3). Notons d'emblée que le cadre constitutionnel, s'il apporte certaines précisions, ne préjuge en rien de l'efficience du système de péréquation mis en place. Tous ces éléments permettent de comprendre le contenu du cadre constitutionnel français relatif à la péréquation (§ 4).

§ 1. Constitution et péréquation à travers le monde

Si la plupart des pays, dont la France, les Pays-Bas et la République Tchèque, construisent leur système initial sur une logique de répartition verticale, d'autres pays, à l'image de l'Allemagne, de l'Espagne, de la Suisse, de la Suède ou de l'Italie combinent la péréquation verticale et horizontale, afin d'introduire dans la logique de répartition équitable des ressources une part de compensation des compétences transférées. On peut, à cet égard, parler de système mixte[174].

Le modèle allemand de péréquation est quant à lui, en partie, repris et adapté par plusieurs États scandinaves. Tel est le cas en Suède où la péréquation doit permettre aux autorités infranationales de disposer de ressources suffisantes pour garantir un niveau minimal de services publics[175].

L'environnement constitutionnel varie toutefois fortement d'un État à un autre, expliquant ainsi les différences de conception de la solidarité financière. Chaque système constitutionnel aborde la question différemment, permettant ainsi de classer les pays.

174. G. ORSONI (dir.), *Les finances publiques en Europe*, 2007, 529 p.

175. Pour une approche des finances locales et du droit constitutionnel, voir M.-Ch. STECKEL-ASSOUÈRE, « Le partage des compétences financières entre l'État et les collectivités territoriales dans les constitutions des pays membres de l'Union européenne », *RFFP*, 2013, n° 121, p. 63-82 ; V. BARBE, « La péréquation, principe constitutionnel », *RFDC*, 2010, p. 3 et s.

La prise en compte d'une exigence de péréquation au sein de la Constitution constitue une caractéristique des trente dernières années et est commune à de nombreux pays : Espagne (1978), Canada (1982), Italie (2001) et France (2003).

Différents groupes peuvent être identifiés. Le premier se compose des pays n'abordant pas la situation de la péréquation dans la norme constitutionnelle, ainsi en est-il de la Constitution américaine[176]. D'autres pays, tels que le Danemark, l'Irlande ou encore l'Islande, n'abordent pas non plus la péréquation au sein de la norme suprême.

À l'inverse, d'autres Constitutions retiennent une conception plus large de la péréquation. Ainsi, la Loi fondamentale allemande pose une exigence d'homogénéisation des conditions de vie sur le territoire.

Son article 107 § 2 indique que :

> « La loi doit assurer une compensation appropriée des inégalités de capacité financière entre les Länder, en tenant compte de la capacité et des besoins financiers des communes (ou groupements de communes). La loi doit définir les conditions d'attribution de droits à compensation aux Länder bénéficiaires et d'obligations de péréquation aux Länder débiteurs ainsi que les critères de détermination des versements compensatoires. Elle peut également disposer que la Fédération, sur ses ressources propres, accorde aux Länder à faible capacité financière des dotations destinées à les aider à couvrir leurs besoins financiers généraux (versements complémentaires). »

L'article 138 alinéa 1er de la Constitution espagnole s'inscrit dans la même tonalité en précisant que :

> « L'État garantit la réalisation effective du principe de solidarité consacré par l'article 2 de la Constitution, veillant à l'établissement d'un équilibre économique convenable et

176. E. KATZ, « The Writing of the American Constitution », *in* : J.-R. MARBASCH, E. KATZ, T.-E. SMITH, Ed. *Federalism in America*, Greenwood Press, 2005.

équitable entre les diverses parties du territoire espagnol et tenant compte en particulier des exigences du fait insulaire. »

La Constitution espagnole place la péréquation dans une logique de solidarité entre tous les Espagnols. Cette filiation se retrouve à plusieurs reprises au sein de la Constitution et notamment dans l'article 158 § 2 selon lequel :

> « Afin de corriger les déséquilibres économiques entre les territoires et de rendre effectif le principe de solidarité, un fonds de compensation est constitué pour financer des dépenses d'investissement ; le cas échéant, ses ressources seront distribuées par les Cortès générales entre les communautés autonomes et les provinces. »

L'article 156 réaffirme, quant à lui, l'autonomie financière des communautés autonomes tout en mentionnant l'existence d'une limite, à savoir la « solidarité entre tous les Espagnols ».

La Constitution italienne de 1949 n'a, pour sa part, pas intégré la notion de péréquation. Tout au plus se limite-t-elle à aborder la prise en compte des régions particulières (de montagne, le « midi » et les îles). Il faut attendre la révision de 2001 pour que son article 119 indique qu'

> « afin de promouvoir le développement économique, la cohésion et la solidarité sociale, d'éliminer les déséquilibres économiques et sociaux, de faciliter l'exercice effectif des droits de la personne, ou bien d'assurer l'accomplissement d'autres missions dépassant l'exercice de leurs fonctions normales, l'État alloue des ressources additionnelles et réalise des interventions spéciales en faveur de communes, provinces, villes métropolitaines et régions spécifiques ».

L'article 36 de la loi constitutionnelle canadienne de 1982 s'avère, lui aussi, très détaillé et lie les droits de l'individu et les inégalités entre collectivités.

Selon la partie III intitulée « Péréquation et inégalités régionales » :

> « Les gouvernements fédéral et provinciaux, s'engagent à : a) promouvoir l'égalité des chances de tous les Canadiens dans la recherche de leur bien-être ; b) favoriser le développement économique pour réduire l'inégalité des chances ; c) fournir à tous les Canadiens, à un niveau de qualité acceptable, les services publics essentiels. Plus précisément, « le Parlement et le gouvernement du Canada prennent l'engagement de principe de faire des paiements de péréquation propres à donner aux gouvernements provinciaux des revenus suffisants pour les mettre en mesure d'assurer les services publics à un niveau de qualité et de fiscalité sensiblement comparables. »

En Suisse, la péréquation financière est inscrite une première fois dans l'ancienne Constitution fédérale en 1959, mais c'est véritablement la réforme de 2004, approuvée par référendum, qui refond l'article 135 de la Constitution fédérale et pose un nouveau système :

> « La Confédération légifère sur une péréquation financière et une compensation des charges appropriées entre la Confédération et les cantons d'une part, et entre les cantons d'autre article.
>
> La péréquation financière et la compensation des charges ont notamment pour but :
>
> *a*. De réduire les disparités entre cantons en ce qui concerne la capacité financière ;
>
> *b*. De garantir aux cantons une dotation minimale en ressources financières ;
>
> *c*. De compenser les charges excessives des cantons dues à des facteurs géo-topographiques ou socio-démographiques ;
>
> *d*. De favoriser une collaboration intercantonale assortie d'une compensation des charges ;
>
> *e*. De maintenir la compétitivité fiscale des cantons à l'échelle nationale et internationale.
>
> La péréquation des ressources est financée par les cantons à fort potentiel de ressources et par la Confédération. Les prestations des cantons à fort potentiel de ressources équivalent au minimum à deux tiers et au maximum à 80 % de la part de la Confédération. »

§ 2. Le système allemand

L'étude du système allemand se révèle intéressante compte tenu de sa nature fédérale. Deux éléments caractérisent la solidarité financière allemande : la péréquation mise en place entre Länder (A) et la liberté laissée au Land d'instaurer les dispositifs qui lui conviennent (B).

A. La péréquation entre Länder

La logique de la péréquation en droit allemand se distingue de celle existante en droit français. La Cour constitutionnelle de Karlsruhe a, en effet, reconnu la nature particulière du fédéralisme allemand qui repose sur trois logiques complémentaires : l'autonomie de chaque Land, la péréquation verticale et la péréquation horizontale. Ce faisant, l'Allemagne constitue une « communauté solidaire »[177]. *A contrario*, la suppression d'une forme de péréquation horizontale semble impossible, alors qu'une telle solution apparaît parfaitement envisageable en France.

La péréquation au sein du système allemand n'a pas pour objectif d'atteindre une stricte égalité entre les Länder. Elle cherche plutôt, selon une décision en date du 7 septembre 1999, à

> « trouver le juste milieu entre d'un côté l'indépendance, la responsabilité et la préservation de l'individualité des Länder et, de l'autre, leur coresponsabilité, dans un collectif solidaire, pour l'existence et l'autonomie de leurs partenaires dans la fédération »[178].

Dans cette décision, la Cour constitutionnelle :

– prévoit que le partage de la TVA ne soit plus calculé en fonction de la population, mais des besoins des Länder ;

177. 2 BvF, 2/98.
178. 2 BvF 2/98, al. 291.

– condamne le concept de « charges spéciales » dans la péréquation horizontale, ce qui signifie l'existence d'un avantage « quasi automatique » pour les grandes villes et pour les ports ;
– demande une prise en compte accrue des revenus des Länder et des villes dans le calcul de la capacité financière.

La Cour constitutionnelle considère même que la répartition des ressources financières par le biais de la péréquation doit être réformée, car elle aboutit à « un juste équilibre évitant aux contribuables une surcharge fiscale et préservant l'homogénéité des conditions de vie »[179].

La répartition des ressources en Allemagne repose plus précisément sur « une fusée à quatre étages ».

Dans un premier temps, conformément à la Loi fondamentale, s'opère la répartition de l'impôt sur le revenu (IR), de l'impôt sur les sociétés (IS) et de la taxe sur la valeur ajoutée (TVA) entre le Bund, les Länder et les communes. Puis, dans un deuxième temps, une répartition horizontale entre Länder des impôts précités s'effectue en fonction de la population (75 %) et le reste en fonction d'une quote-part compensatoire. Dans un troisième temps, intervient la péréquation horizontale (*Länderfinanzausgleich*). Ce n'est que dans un quatrième temps que la péréquation verticale se manifeste, le Bund régularisant les disparités restantes avec une distinction entre des compensations générales et d'autres dites exceptionnelles. La Cour constitutionnelle fédérale a toutefois précisé que la péréquation verticale est subsidiaire et qu'elle n'a vocation à exister qu'après la mise en œuvre de la péréquation horizontale[180].

---

179. 2 BvF 2/98 ; al. 289 ; voir également : I. BOURGEOIS, « Solidarité financière – L'expérience allemande », *Regards sur l'économie allemande*, 2011/3 (n° 102), p. 15-28.

180. BverfG, vol. 72, 330, 403 ; 86, 148, 261.

Si en 1992, les juges constitutionnels allemands ont répondu favorablement à la demande de plusieurs Länder ayant des difficultés financières demandant l'application de l'article 107 § 2 de la Loi fondamentale[181], elle a, au contraire, dans sa décision du 19 octobre 1996, écarté la demande du Land de Berlin. Pour ce faire, elle considère que l'article 107 alinéa 2 est étranger à la péréquation. La Cour constitutionnelle estime « qu'une aide financière de la péréquation aux Länder ne peut être versée que s'ils se sont efforcés d'augmenter leurs recettes et de diminuer leurs dépenses »[182]. Pour obtenir une aide, le Land doit donc se trouver dans une situation catastrophique.

La Cour constitutionnelle estime même que le versement de dotations compensatoires

> « est conditionné au fait que ce Land a épuisé toutes les possibilités dont il dispose pour remédier à sa situation, de sorte que l'aide du Bund se présente comme la seule issue possible »[183].

Les juges constitutionnels n'hésitent par ailleurs pas à se livrer à une critique plus drastique du système global de péréquation.

En 1999, ils prônent, en effet, une réforme du système de péréquation, car ils estiment que ce dernier est confiscatoire pour les Länder les plus contributeurs (Bade-Wurtemberg, Bavière, Hesse) et « pervers » en matière de « responsabilisation politique des récipiendaires », car il n'invite pas à ce qu'ils améliorent leur gestion.

La Cour constitutionnelle entre même le détail en expliquant les modalités de détermination d'un Land en situation difficile. Il convient de comparer sa situation à la moyenne des autres Länder avec des ratios.

181. 27 mai 1992, BVerfG, tome 86, p. 148.

182. M. FROMONT, « Jurisprudence constitutionnelle de la RFA », *RDP*, 2007, p. 1682.

183. Décision du 19 octobre 2006, 2BvF 3/03.

Comme le rappelle S. Flizot,

> « dans l'affaire jugée en 1992, la Cour avait utilisé plusieurs critères : un taux de dépenses couvertes par l'emprunt double à la moyenne nationale, un rapport entre le montant des intérêts d'emprunt et les recettes fiscales très éloignées de la moyenne des autres Länder. Mais ces critères, comme elle l'a mentionné dans l'affaire jugée en 2006 sur la situation de Berlin, sont relatifs et il convient, le cas échéant, de prendre en considération d'autres facteurs susceptibles de donner une idée des marges de manœuvre existantes »[184].

B. La péréquation au sein du Land

La Loi fondamentale allemande laisse une entière liberté aux Länder pour régler les ressources et les dépenses des collectivités locales en leur sein ainsi que les mécanismes de péréquation. L'article 28 de la Loi fondamentale indique simplement que le Land doit veiller à ce que :

> « La libre administration englobe également les bases de l'autonomie financière ; ces bases comprennent une ressource fiscale revenant aux communes, qui est assise sur le potentiel économique et dont les communes peuvent fixer le taux de perception. »

L'exemple d'une décision rendue par la Cour constitutionnelle de Rhénanie-Palatinat le 15 février 2012 constitue un exemple emblématique des règles juridiques affectant la péréquation au sein du Land. Selon l'article 49 alinéa 6 de la Constitution de ce Land :

> « Le Land doit également assurer aux communes et groupements de communes les moyens nécessaires pour remplir leurs tâches propres ainsi que celles qui leur sont confiées dans le cadre de la répartition des charges et de la péréquation

184. S. FLIZOT, « Les règles constitutionnelles de limitation de l'endettement public : l'exemple allemand », *http://www.juspoliticum.com/Les-regles-constitutionnelles-de.html.*

> des recettes. Il met à leur disposition les ressources qu'elles utiliseront pour leurs activités facultatives sous leur propre responsabilité. »

La Cour constitutionnelle, dans cet arrêt, censure une loi du Land, qui ne respecte pas le principe d'égalité entre collectivités locales, et notamment entre d'un côté les arrondissements et de l'autre les communes-arrondissements. Comme l'explique M. Fromont :

> « La Cour a estimé que la loi n'avait pas traité de façon égale les communes ; en effet, l'accroissement spectaculaire des dépenses sociales a affecté seulement les arrondissements et les communes-arrondissements alors que les autres communes faisant partie d'un arrondissement et leurs groupements ont vu, au contraire, leurs dépenses sociales diminuer. Or seuls les communes-arrondissements ont bénéficié d'une certaine correction de leur dotation, mais non les arrondissements proprement dits alors que le phénomène était bien connu des décideurs politiques[185]. »

L'auteur mentionne également une autre décision de la Cour constitutionnelle du Saxe-Anhalt qui donne raison au recours de la ville de Dessau. Cette dernière conteste le calcul de certaines dotations du Land qui prend en compte la population, mais dans une logique « surproportionnelle », afin d'accorder plus d'argent aux communes comportant plus d'habitants. Pour la Cour, aucune étude ne vient corroborer cette interprétation[186].

§ 3. *Le système canadien*

La logique canadienne de péréquation cherche à permettre aux gouvernements provinciaux d'offrir des services publics de niveau comparable selon l'annexe B de la loi constitutionnelle canadienne

---

185. M. FROMONT, « République fédérale d'Allemagne : la jurisprudence constitutionnelle en 2012 », *RDP* 2013, p. 1061.

186. *Ibid.*

de 1982. La péréquation verticale existe au Canada depuis 1957 avec la mise en place d'un programme pour le Québec. Le régime juridique et financier de la péréquation canadienne a, toutefois, profondément évolué, car aujourd'hui des provinces comme la Colombie-Britannique, Terre-Neuve-et-Labrador ou la Saskatchewan n'en bénéficient plus[187].

Au Canada, les provinces étant compétentes en matière de santé, d'éducation et d'infrastructure, il convient de limiter au maximum les inégalités. Ces dernières sont évaluées, non pas à partir du montant réel perçu par cette province, mais sont mesurées par le montant que la province percevrait si elle appliquait le régime fiscal représentatif (RFR) composé de l'impôt sur le revenu des particuliers, l'impôt sur le revenu des sociétés et des droits de succession.

En 1962, une autre assiette fiscale est ajoutée, soit 50 % des revenus des ressources naturelles. De révision en révision, le nombre d'assiettes fiscales s'accroît pour atteindre 33 dont 14 sont associées aux ressources pétrolières et gazières. Celles-ci sont regroupées en cinq grandes assiettes : impôt sur le revenu des particuliers, impôt sur le revenu des sociétés, taxes de vente, impôts fonciers et revenus des ressources naturelles (50 %). Ce groupement de ressources est supposé être un reflet des pratiques fiscales courantes des dix provinces sans pour autant reproduire les particularités propres à chacune d'elles.

Désormais, « la capacité fiscale de chaque province est comparée à la capacité fiscale moyenne des dix provinces. Celles qui se situent sous la moyenne ont droit à un transfert au titre de la péréquation. Les transferts totaux de péréquation ne peuvent diminuer ni croître plus rapidement que la croissance économique »[188].

---

187. Y. CHASSIN, *Péréquation pour une formule qui incite davantage au développement des ressources naturelles*, Institut économique de Montréal, juin 2012.

188. *Ibid.*

Le gouvernement fédéral effectue des paiements de transfert à certaines provinces qui visent à rendre plus égales les capacités fiscales entre elles, c'est-à-dire, les capacités qu'ont les provinces de percevoir des revenus de certaines sources.

§ 4. Le système français à la lumière du cadre constitutionnel

Plusieurs dispositions du corpus constitutionnel concernent la péréquation. Si bien évidemment l'alinéa 5 de l'article 72-2 de la C mérite des développements particuliers, d'autres aspects participent à l'élaboration d'un régime constitutionnel relatif à la péréquation. Ainsi, à propos du 12e alinéa du Préambule de 1946, selon lequel « la Nation proclame la solidarité et l'égalité de tous les Français devant les charges qui résultent des calamités nationales », le juge constitutionnel a estimé que, celui-ci, dans une décision du 6 mai 1991, « ne fait pas obstacle à l'institution par la loi d'un mécanisme de solidarité entre les habitants d'une même région »[189].

En d'autres termes, le législateur peut retenir l'échelon territorial qu'il juge pertinent pour la péréquation. Il n'a, à cet égard, rien choisi de particulier, car tant la région, le département ou l'EPCI peuvent instituer en son sein des mécanismes de péréquation. Ce faisant, chaque échelon pouvant intervenir, on peut parler d'une « concurrence des égalités »[190].

189. Cons. const., décision n° 91-291 du 6 mai 1991, *Loi instituant une dotation de solidarité urbaine et un fonds de solidarité des communes de la région d'Île-de-France, réformant la dotation globale de fonctionnement des communes et des départements et modifiant le Code des communes*, *Rec.*, p. 40.

190. X. Pretot, « Libre administration des collectivités territoriales et solidarité nationale », *RDSS*, 1991, p. 639.

En réalité, l'article 72-2 alinéa 5 introduit en 2003 dans la Constitution présente sans doute le plus d'intérêt. Il se consacre uniquement à la péréquation en indiquant simplement que « la loi prévoit des dispositifs de péréquation destinés à favoriser l'égalité entre les collectivités territoriales ».

L'origine de cet article (A) permet de comprendre sa modestie et d'étudier sa portée juridique (B). Le Conseil constitutionnel a, par la suite, précisé certains points, dont l'absence de lien entre péréquation et compensation (C). Il n'en demeure pas moins qu'il contrôle les atteintes à l'autonomie financière (D), les critères de la péréquation (E), le respect du principe d'égalité devant les charges publiques dans la mise en œuvre des dispositifs de péréquation (F) et la répartition entre le pouvoir exécutif et législatif (G) lors de l'établissement des dispositifs de solidarité financière.

A. L'origine de l'article 72-2 alinéa 5 de la Constitution

La création d'un article spécifique dédié à la péréquation interroge sur son utilité compte tenu de l'absence d'obligations qu'il crée pour le législateur. La jurisprudence du Conseil constitutionnel peut pourtant être interprétée comme préservant la compétence du législateur pour intervenir sur ces questions. Dans sa décision du 5 janvier 1982, il considère que

> « la loi détermine les principes fondamentaux de la libre administration des collectivités locales, de leurs compétences et de leurs ressources »[191]

et donc y compris la péréquation.

191. Cons. const., décision n° 81-134 DC du 5 janvier 1982, *Loi d'orientation autorisant le gouvernement par application de l'article 38 de la Constitution, à prendre des mesures d'ordre social*, *Rec.*, p. 15.

Cette volonté du Constituant de réaffirmer son attachement à la péréquation s'explique par le contexte des années 2000, avec la préparation du transfert de nombreuses compétences.

Ce souhait d'inscrire dans la Constitution une simple « mention » davantage qu'un véritable principe aboutit, dans le même temps, à un certain nombre d'hésitations lors de la phase préparatoire. À titre d'exemple, le projet de loi constitutionnelle du 16 octobre 2002 contient une disposition selon laquelle :

> « La loi met en œuvre des dispositifs pouvant faire appel à la péréquation en vue de corriger les inégalités de ressources entre les collectivités territoriales. »

Cette formulation démontre la conception profondément ancrée au sein du pouvoir exécutif selon laquelle les inégalités résultent avant tout des différences de ressources entre collectivités et non des charges. Ce projet de loi indique, par ailleurs, clairement que la péréquation serait un objectif de valeur constitutionnelle[192].

Notons que le verbe « corriger » est enlevé de la rédaction définitive en raison sans doute de son caractère trop prescriptif. Selon un rapport parlementaire du 23 octobre 2002, l'emploi du verbe « corriger »

> « est inapproprié et excessif : une correction intégrale des inégalités de ressources entre collectivités territoriales réduirait en effet à néant leur autonomie financière »[193].

Ces évolutions démontrent clairement la volonté des parlementaires d'édulcorer la formulation relative à la péréquation.

Les débats parlementaires cherchent également à modifier la formulation du projet de loi, afin d'intégrer les inégalités de dépenses dans la formulation définitive. À la lumière de l'examen des travaux

---

192. Projet de loi constitutionnelle relatif à l'organisation décentralisée de la République, n° 24 rectifié, déposé le 16 octobre 2002.

193. Rapport n° 27 (2002-2003) de R. GARREC, fait au nom de la commission des lois, déposé le 23 octobre 2002.

parlementaires, les inégalités entre collectivités territoriales doivent être combattues non pas pour leur permettre de développer des politiques publiques locales plus ambitieuses,

> « mais seulement [afin de] corriger les inégalités structurelles, liées à la situation géographique ou historique, héritée notamment de pratique excessivement centralisatrice du passé, par exemple en matière de transport ferroviaire ou aérien »[194].

Là encore, cette formulation n'est pas retenue.

D'autres formulations ambitieuses ont pourtant été émises lors des travaux parlementaires. Par exemple, selon R. Garrec, sénateur, il faudrait que la péréquation « ait pour objet de compenser les inégalités et pas seulement de favoriser [les dispositifs de péréquation] »[195].

B. Le régime juridique de l'article 72 alinéa 5 C

Deux caractéristiques expliquent son régime juridique, d'une part le respect de la libre administration (1) et, d'autre part, l'invocation de la péréquation dans le cadre d'une question prioritaire de constitutionnalité (2).

1. Le respect par la péréquation de la libre administration

Le Conseil constitutionnel s'est déjà prononcé à de nombreuses reprises sur les dispositifs de péréquation. De façon désormais récurrente, l'alinéa 5 de l'article 72 de la C

> « a pour but de concilier le principe de liberté avec celui d'égalité par l'instauration de mécanismes de péréquation financière »[196].

194. AN, 13 novembre 2002, n° 376.
195. Sénat, Séance du 5 décembre, n° 86, R. GARREC.
196. Cons. const., décision n° 2003-487 DC du 18 décembre 2003, *op. cit.*

Il s'agit donc ni plus ni moins que d'un objectif à valeur constitutionnelle confirmant les travaux parlementaires et permettant de concilier deux principes clairement reconnus sur le plan constitutionnel, à savoir la libre administration et le principe d'égalité. Ainsi, aucune primauté n'est donnée à la péréquation sur la libre administration. Cette interprétation est écrite textuellement par le Conseil constitutionnel dans sa décision du 29 juin 2012, selon laquelle

> « les règles fixées par la loi sur le fondement du dernier alinéa de l'article 72-2 de la Constitution ne doivent pas restreindre les ressources des collectivités territoriales au point de dénaturer le principe de libre administration de ces collectivités »[197].

Cependant, les critères pour apprécier d'éventuelles atteintes demeurent, à l'heure actuelle, incertains. Dans sa décision du 6 mai 1991, les juges constitutionnels indiquent, à propos du Fonds de solidarité des communes de la région Île-de-France (FSRIF), que le prélèvement destiné à l'alimenter, qui ne pouvait excéder 5 % du montant des dépenses réelles de fonctionnement de la commune, ne constituait pas une charge telle qu'elle entraverait sa libre administration[198]. Cette indication n'est toutefois en rien une limite à ne pas dépasser. Finalement, chaque dispositif doit être apprécié indépendamment des autres et le législateur s'avère totalement libre de financer la péréquation soit « par une dotation de l'État ou grâce à un fonds alimenté par des ressources des collectivités territoriales »[199].

Le Conseil constitutionnel rappelle, par ailleurs, lors de la suppression de la part salariale de l'assiette de la taxe professionnelle et de sa compensation par la création d'une dotation répartie selon des critères de péréquation que ces mesures « n'ont pour effet ni de diminuer les ressources globales des collectivités locales ni de restreindre leurs

---

197. Cons. const., décision n° 2012 – 255/265 QPC, 29 juin 2012, *Départements de la Seine-Saint-Denis et du Var (Fonds national de péréquation des droits de mutation à titre onéreux perçus par les départements)*, *Rec.*, p. 315, point 7.

198. Décision n° 91-291 DC du 6 mai 1991, *op. cit.*, points 32-34.

199. Décision n° 2012-255/265 QPC, *op. cit.*

ressources fiscales au point d'entraver leur libre administration »[200], dès lors, il n'y a pas d'inconstitutionnalité. Mais de cette décision, il apparaît clairement que la libre administration ne peut pas être malmenée au nom de la péréquation.

2. L'invocation de la péréquation dans le cadre d'une question prioritaire de constitutionnalité

Dans sa décision du 22 septembre 2010, *Commune de Besançon et autre*, le Conseil constitutionnel a refusé de voir dans les dispositions de l'article 72-2 alinéa 5 de la C, un droit que garantit la Constitution au sens de l'article 61-1 de la Constitution. Cette position, si elle est conforme au fait qu'il considère la péréquation comme un « objectif d'égalité »[201], se heurte toutefois au fait qu'il contrôle les critères de mise en œuvre à la lumière de sa jurisprudence sur le principe d'égalité. Dans ce cadre-là, le Conseil constitutionnel considère que

> « pour assurer le respect du principe d'égalité, le législateur doit fonder son appréciation sur des critères objectifs et rationnels en fonction des buts qu'il se propose ; que cette appréciation ne doit cependant pas entraîner de rupture caractérisée de l'égalité devant les charges publiques »[202].

Toutefois, apprécier le caractère objectif et rationnel des critères de mise en œuvre de la péréquation revient si le juge effectue un contrôle approfondi à une appréciation de la solidarité financière.

---

200. Cons. const., décision n° 98-405 DC du 29 décembre 1998, *Loi de finances pour 1999*, *Rec.*, p. 326, considérant 50. Voir également Cons. const., décision n° 90-277 DC du 25 juillet 1990, *Loi relative à la révision générale des évaluations des immeubles retenus pour la détermination des bases des impôts directs locaux*, *Rec.*, p. 70, considérant 14.

201. Cons. const., décision n° 2004-490 DC du 12 février 2004, *Loi organique portant statut d'autonomie de la Polynésie française*, cons. 65.

202. Pour un exemple récent, voir Cons. const., décision n° 2012-251 QPC du 8 juin 2012, *COPACEL et autres (Taxe sur les boues d'épuration)*, cons. 3.

S'appuyant sur cette construction un peu bancale, le Conseil d'État, le 4 avril 2012, accepte de saisir le Conseil constitutionnel dans le cadre d'une QPC relative au fonds de péréquation des DMTO[203]. La juridiction administrative, pour dépasser la jurisprudence du Conseil constitutionnel, estime qu'il y a une atteinte potentielle « au principe d'égalité, présentant un caractère sérieux » sans plus de précision[204].

Dans un autre arrêt du 21 septembre 2012, *Commune de Vitry-sur-Seine*, concernant une question du Fonds de péréquation des ressources intercommunale et communale (FPIC), malgré le refus de saisir le Conseil constitutionnel, le Conseil d'État n'aligne pas son raisonnement sur celui du Conseil constitutionnel. Alors que le juge constitutionnel se limite à constater la présence de critères rationnels et objectifs, la haute juridiction administrative se livre à un examen détaillé. Elle indique ainsi que

> « si la définition des contributeurs au Fonds national de péréquation des ressources intercommunales et communales est fondée sur le seul critère du potentiel financier par habitant, d'une part, ce critère est pondéré, de manière plus que proportionnelle, en vertu de l'application d'un coefficient logarithmique, par le nombre d'habitants, d'autre part, la répartition des ressources du fonds est opérée, en vertu de l'article L. 2336-5 du code, sur la base d'un indice synthétique de ressources et de charges »[205].

Le Conseil d'État examine donc la pertinence des critères objectifs.

---

203. CE, 4 avril 2012, *Département de la Seine-Saint-Denis*, req. nº 356633, *AJDA*, 2012, p. 793 ; CE, 21 mai 2012, *Département du Var*, req. nº 358261, *AJDA*, 2012, p. 1038.

204. *Ibid.*

205. CE, 21 septembre 2012, nº 360602.

C. Le refus du Conseil constitutionnel de lier péréquation et compensation

La péréquation et la compensation financière d'un transfert de compétences obéissent chacune à un régime juridique particulier posé par la Constitution[206].

À cet égard, dans deux décisions, une qui concerne les ressources et l'autre les dépenses, ces deux logiques ont été nettement dissociées. La péréquation

> « qui a pour but de concilier le principe de liberté avec celui d'égalité par l'instauration de mécanismes de péréquation financière n'impose pas que chaque type de ressources fasse l'objet d'une péréquation »[207].

Puis, dans un second temps, il a affirmé, toujours à propos de la péréquation, qu'elle « n'impose pas que chaque transfert ou création de compétences donne lieu à péréquation »[208]. Cependant, malgré cette stricte orthodoxie juridique, il est vrai qu'une relation entre ces deux aspects répond à une certaine logique, tant les transferts de compétences ont accentué les inégalités entre territoires. Par ailleurs, la haute juridiction administrative, dans sa décision de renvoi au Conseil constitutionnel du 20 avril 2011 concernant l'APA, défend une position légèrement différente. Il peut, en effet, être tenu compte

---

206. En matière de transfert de compétences, selon l'article 72-2 alinéa 4, « tout transfert de compétences entre l'État et les collectivités territoriales s'accompagne de l'attribution de ressources équivalentes à celles qui étaient consacrées à leur exercice. Toute création ou extension de compétences ayant pour conséquence d'augmenter les dépenses des collectivités territoriales est accompagnée de ressources déterminées par la loi ».

207. Cons. const., décision n° 2003-474 DC, 17 juillet 2003, *Loi de programme pour l'outre-mer*, *Rec.*, p. 389, considérant n° 18.

208. Cons. const., décision n° 2003-487 DC du 18 décembre 2003, *Loi portant décentralisation en matière de revenu minimum d'insertion et créant un revenu minimum d'activité*, *op. cit.*

> « de la situation différenciée des départements au regard de l'évolution des charges liées à l'exercice de leur compétence en matière d'allocation de revenu minimum d'insertion et de revenu de solidarité active »[209].

Depuis cette période, le législateur introduit davantage de mécanismes de péréquation au sein des dispositifs de compensation, sans que le juge constitutionnel n'intervienne. Aussi, la jurisprudence du Conseil constitutionnel n'impose pas de réelles contraintes sur le législateur. Pour reprendre les propos d'A. Hastings-Marchadier,

> « chaque nouvelle avancée jurisprudentielle renforce l'impression selon laquelle ce cadre constitutionnel ne constitue ni un rempart opérationnel contre les disparités financières territoriales ni un fondement probant pour un renforcement de la solidarité financière entre les collectivités locales les plus riches et les plus pauvres »[210].

D. Le contrôle de la péréquation au regard de l'autonomie financière

L'autonomie financière renvoie à plusieurs conceptions, une première plus théorique et une deuxième littérale fondée sur le texte constitutionnel.

D'un point de vue théorique, cette notion se rapproche de la liberté locale financière. À cet égard, le juge constitutionnel dote la libre administration d'une portée financière qui se résume à une interdiction pour le législateur de trop amputer ses ressources, peu importe par ailleurs le motif, y compris la péréquation. Ainsi, si l'État peut réduire les ressources d'une collectivité territoriale, cela ne doit pas

---

209. *Op. cit.*, décision n° req. 346205 et 346239.

210. A. Hastings-Marchadier, « La péréquation financière horizontale et la Constitution », *AJDA*, 2013, p. 2294 et s.

entraver sa libre administration[211]. Mais aucune limite financière n'a été fixée concernant le seuil à partir duquel la libre administration se trouve amoindrie.

Dès lors, deux solutions se dégagent, soit la diminution d'une recette fiscale est compensée par une dotation[212], soit la diminution est faible et n'appelle pas une compensation de la part de l'État[213]. Le considérant marquant en la matière découle de la décision du 6 mai 1991 selon laquelle :

> « Le prélèvement sur les ressources fiscales d'une collectivité territoriale dans le but d'accroître les ressources d'autres collectivités territoriales doit être défini avec précision quant à son objet et sa portée et qu'il ne saurait avoir pour conséquence d'entraver la libre administration des collectivités territoriales concernées[214]. »

L'enseignement majeur de cette jurisprudence réside dans la faible portée de la péréquation. Peu importe que l'État ampute les recettes d'une collectivité pour financer une compétence ou pour effectuer une péréquation, le référentiel n'est pas la finalité de l'amputation financière, mais le risque d'atteinte à la libre administration de la collectivité amputée.

La seconde conception découle de la lettre de la Constitution. Aux termes de l'article 72-2 de la C :

> « Les collectivités territoriales bénéficient de ressources dont elles peuvent disposer librement dans les conditions fixées par la loi.

---

211. Cons. const., décision n° 90-277 DC du 25 juillet 1990, *op. cit.*

212. Cons. const., décision n° 2002-464 DC du 27 décembre 2002, *Loi de finances pour 2003*, *Rec.*, p. 583.

213. Cons. const., décision n° 91-298 DC du 24 juillet 1991, *Loi portant diverses dispositions d'ordre économique et financier*, *Rec.*, p. 82.

214. Cons. const., décision n° 91-291 DC du 6 mai 1991, *op. cit.*

> Elles peuvent recevoir tout ou partie du produit des impositions de toutes natures. La loi peut les autoriser à en fixer l'assiette et le taux dans les limites qu'elle détermine.
> Les recettes fiscales et les autres ressources propres des collectivités territoriales représentent, pour chaque catégorie de collectivités, une part déterminante de l'ensemble de leurs ressources. La loi organique fixe les conditions dans lesquelles cette règle est mise en œuvre. »

Selon la Constitution, pour chaque catégorie de collectivités territoriales, un ratio entre les ressources obligatoires et l'ensemble des ressources doit être calculé. L'article LO 1114-3 du CGCT précise que « la part des ressources propres [...] ne peut être inférieure au niveau constaté au titre de l'année 2003 ». Cette année 2003 n'a pas été choisie au hasard, elle correspond, en effet, à la dernière année, avant la mise en place des transferts de compétences découlant de la loi du 13 août 2004.

Le calcul du ratio repose sur une division entre les ressources propres et l'ensemble des ressources de la catégorie de collectivité territoriale.
Selon l'article LO 1114-2 du CGCT issu de la loi organique du 29 juillet 2004,

> « les ressources propres des collectivités territoriales sont constituées du produit des impositions de toutes natures dont la loi les autorise à fixer l'assiette, le taux ou le tarif, ou dont elle détermine, par collectivité, le taux ou une part locale d'assiette, des redevances pour services rendus, des produits du domaine, des participations d'urbanisme, des produits financiers et des dons et legs »[215].

Toutefois se pose la question de la compatibilité de ce mode de calcul avec la péréquation horizontale, qui ampute les ressources propres.

---

215. Loi organique n° 2004-758 du 29 juillet 2004 relative à l'autonomie financière des collectivités territoriales, *JO* du 30 juillet 2004, p. 13561.

Cette question a été réglée par la décision du 29 juin 2012, le Conseil constitutionnel ayant accepté un tel examen. Ce dernier a considéré, et ce à juste titre, que l'autonomie financière s'appréciait par catégorie de collectivité dans sa globalité, peu importe la situation d'une collectivité du groupe. Dès lors, à partir du moment où la péréquation horizontale mise en œuvre s'effectue à partir d'une ressource propre en la redistribuant aux collectivités appartenant à la même catégorie, le ratio n'est pas modifié. Ainsi, le juge constitutionnel a considéré, dans la décision précitée, que le dispositif de péréquation des DMTO conduit

> « à redistribuer une fraction de cette ressource propre des départements au sein de cette catégorie de collectivités territoriales ; [les ressources péréquées] n'ont donc pas pour effet de modifier la part déterminante des ressources propres de cette catégorie »[216].

E. Les exigences constitutionnelles relatives aux critères de la péréquation

Le juge constitutionnel n'entre pas dans le détail des mécanismes et se limite à des considérations très générales. Ainsi, les critères mesurant les inégalités et répartissant les sommes dédiées à la péréquation doivent être « objectifs et rationnels »[217] et ils peuvent concerner tant des inégalités de ressources que de charges[218]. Par ailleurs, au sein d'un même dispositif de péréquation, des sous-catégories peuvent être créées avec des critères différents. Ainsi en a jugé le Conseil constitutionnel à propos de la DGF des départements qui pouvait contenir en son sein une part pour les départements urbains fondée sur les critères

---

216. Cons. const., décision du 29 juin 2012, *op. cit.*

217. Cons. const., décision nº 2004-511 DC du 29 décembre 2004, *Loi de finances pour 2005*, *Rec.*, p. 236.

218. Cons. const., décision nº 2009-599 DC du 29 décembre 2009, *Loi de finances pour 2010*, *Rec.*, p. 218 ; voir M. HOUSER, « La décision du 29 décembre 2009 du Conseil constitutionnel et les collectivités territoriales : entre sagesse et frilosité », *LPA*, nº 78, 20 avril 2010, p. 3-5.

d'écarts dans le nombre de bénéficiaires d'aides au logement, sur les revenus moyens par habitant, le nombre de personnes bénéficiaires du RMI et une part pour les départements ruraux fondée principalement sur le potentiel fiscal ou la longueur de voirie[219].

Le Conseil poursuit la construction du régime juridique de la péréquation en confirmant la très grande liberté dont dispose le législateur :

> « La péréquation peut corriger non seulement les inégalités affectant les ressources, mais également les inégalités relatives aux charges […] elle peut également être mise en œuvre par une dotation de l'État ou grâce à un fonds alimenté par des ressources des collectivités territoriales[220]. »

Récemment, à propos du Fonds de péréquation des droits de mutation à titre onéreux, le législateur a prévu comme seul critère de prélèvement et de reversement un critère de ressource, le potentiel fiscal, alors même que certains départements, tels que celui du Nord, sont confrontés à de fortes charges en matière sociale et se sont trouvés dans une situation financière très difficile. Cependant, le Conseil constitutionnel juge, dans sa décision nº 2012-255/265 QPC du 29 juin 2012, que le dispositif de péréquation contesté, repose sur des critères objectifs et rationnels en lien direct avec l'objectif poursuivi par le législateur et qu'il ne crée pas une rupture caractérisée de l'égalité devant les charges publiques (considérant nº 8). Dans cette décision, deux éléments apparaissent majeurs :

– le seul critère de ressources masque parfois des inégalités importantes de charges. Ainsi en est-il du département du Nord qui était contributeur au Fonds de péréquation des droits de mutation malgré des dépenses en matière sociale bien plus importantes que la plupart des autres départements ;

219. Décision nº 2004-511 DC du 29 décembre 2004, *Loi de finances pour 2005*, *Rec.*, p. 236.

220. Décision nº 2009-599 DC du 29 décembre 2009, *Loi de finances pour 2010*, *op. cit.*, cons. 67.

– le Conseil constitutionnel n'apprécie pas globalement les inégalités dans le cadre d'un mécanisme de correction de ces dernières, il vérifie simplement que les critères soient objectifs et rationnels.

F. Le respect du principe d'égalité devant les charges publiques dans la mise en œuvre des dispositifs de péréquation

À la lumière de la jurisprudence constitutionnelle, la rupture d'égalité devant les charges publiques se produit lorsqu'une différence soit de participation à un fonds de financement, soit en matière de ressources perçues provient d'une application de critères non objectifs et rationnels en « lien direct avec l'objectif poursuivi par le législateur ». En d'autres termes, les conséquences financières de la péréquation fondée sur des critères de ressources ou de charges s'avèrent *a priori* sans incidence[221]. En revanche, la péréquation ne doit pas souffrir de distinction en raison de critères étrangers à la péréquation. C'est pour cette raison que le Conseil constitutionnel, dans sa décision du 29 juin 2014, censure une des règles du Fonds de solidarité des communes de la région d'Île-de-France. Si la commune participe au financement du FSRIF après 2009, elle se voit appliquer des règles moins avantageuses, que si elle avait contribué à ce fonds avant cette date. Dès lors, la participation en 2009 s'avère totalement déconnectée de la péréquation[222], expliquant la censure par le Conseil constitutionnel de cette disposition.

221. Cons. const., décision n° 2012-255/265 QPC du 29 juin 2012, *op. cit.*

222. Cons. const., décision n° 2014-397, QPC du 6 juin 2014, *Commune de Guyancourt [Fonds de solidarité des communes de la région d'Île-de-France]*, *JO* du 8 juin 2014, p. 9672.

G. La répartition pouvoir exécutif/pouvoir législatif

La compétence du pouvoir réglementaire pour définir des politiques de péréquation semble inévitable au regard de la complexité de la question et de l'existence d'intérêts catégoriels au sein du Parlement. Cependant, comme le rappelle le Conseil constitutionnel dans sa décision du 5 janvier 1982[223], la péréquation relève des principes fondamentaux de la libre administration de l'article 34 de la C., dont la compétence relève du législateur. Aussi, l'intervention du pouvoir réglementaire ne peut être qu'un pouvoir d'application des lois. Toutefois, la distinction par rapport au pouvoir autonome demeure, dans les faits, ténue tant la définition de certains indicateurs est susceptible de modifier considérablement les conséquences financières. Par exemple, l'influence du décret nº 2012-717 du 7 mai 2012 relatif aux dotations d'État sur le Fonds de péréquation des ressources intercommunale et communale (FPIC) est réelle, car il définit la mise en œuvre du coefficient logarithmique. Finalement, la limite réside dans la nécessaire précision législative des libertés octroyées au pouvoir réglementaire.

Le Conseil constitutionnel a précisé, à cet égard, certains points lors de son contrôle de la loi organique nº 2004-192 du 27 février 2004. L'article 52 de ladite loi a créé un fonds intercommunal au sein de la Nouvelle-Calédonie dans des conditions relativement floues en renvoyant notamment le soin au pouvoir réglementaire de préciser les modalités de mise en œuvre. Selon cet article,

> « ce comité répartit les ressources du fonds entre les communes, pour une part au prorata du nombre de leurs habitants, pour une autre part compte tenu de leurs charges. Il peut décider d'attribuer une dotation affectée à des groupements de communes pour la réalisation d'opérations d'investissement ou la prise en charge de dépenses de fonctionnement présentant un intérêt intercommunal… Un décret en Conseil d'État détermine les

223. *Op. cit.*

> modalités d'application du présent article et notamment les conditions d'élection des représentants des communes et de l'assemblée de la Polynésie française au comité des finances locales. Il fixe également les modalités selon lesquelles le fonds assure à chaque commune un minimum de ressources ».

Le Conseil constitutionnel valide ce renvoi au pouvoir réglementaire, mais en l'assortissant d'une réserve de constitutionnalité. Dans son considérant 65 de la décision n° 2004-490 DC du 12 février 2004, le juge constitutionnel indique

> « que tant le décret en Conseil d'État qui doit fixer les modalités d'application de l'article 52, que la répartition qui sera faite du fonds intercommunal de péréquation ne devront pas méconnaître l'objectif d'égalité mentionné au dernier alinéa de l'article 72-2 de la Constitution ; que, sous cette réserve, l'article 52 n'est pas contraire à la Constitution »[224].

Le juge administratif précise également les limites du pouvoir réglementaire. Est en cause dans une affaire du 26 juin 1989 l'adoption par le pouvoir réglementaire du décret du 6 février 1981 définissant les « établissements exceptionnels » et donc les communes alimentant le FDPTP. Une commune conteste la légalité du décret et la compétence du pouvoir réglementaire. Le juge administratif précise, dans son arrêt, que

> « l'autorité investie du pouvoir réglementaire était compétente pour définir les "établissements", dont les bases d'imposition à la taxe professionnelle [sont] soumises à écrêtement »[225].

Le juge ajoute que la liberté du pouvoir réglementaire est réelle, à la condition qu'il assure « notamment l'égalité de traitement de toutes les communes ».

---

224. Cons. const., décision n° 2004-490 DC du 12 février 2004, *Loi organique portant statut d'autonomie de la Polynésie française*, *Rec.*, p. 60.

225. CE, 26 juin 1989, *Commune de Blanquefort*, req. n° 65435, mentionné au *Rec.*

SECTION 4 – LES INDICATEURS ET LA MESURE DE LA PÉRÉQUATION

La mise en œuvre de la péréquation repose sur des critères « objectifs et rationnels » selon les termes du Conseil constitutionnel. Une fois ce verrou constitutionnel passé, le véritable enjeu concerne les conséquences financières des critères choisis. Cette discussion pourrait être facilitée avec l'existence d'une cible de péréquation, c'est-à-dire un montant de réduction des inégalités.

Les compétences des entités infra-étatiques et la richesse des bases d'imposition évoluant constamment, la péréquation apparaît comme une question éternelle et récurrente nécessitant systématiquement de nouveaux critères. En outre, la péréquation ne peut être réalisée de façon parfaite, sa mise en œuvre nécessite inévitablement un fonctionnement par tâtonnement. Des indicateurs doivent donc être utilisés pour mesurer la richesse d'une collectivité. Ceux-ci diffèrent selon les États et les époques. Ils se concentrent soit sur les inégalités de richesse et/ou de charges. Parfois, des critères de ressources liées aux individus sont utilisés.

L'une des critiques majeures du système français de péréquation concerne le fait qu'il repose principalement sur des indicateurs de ressources.

Certains auteurs constatent, à l'issue d'une comparaison internationale, qu'

> « explicite dans de nombreux systèmes étrangers de subvention globale, notamment britannique, la référence aux besoins est longtemps restée implicite en France »[226].

226. A. GUENGANT et J.-M. UHALDEBORDE, « L'émergence de la péréquation des besoins », *in* : *Crise et réforme des finances locales*, PUF, 1989, p. 173.

Le droit positif apparaît toutefois en évolution sur ce point et les mécanismes de lutte contre les inégalités intègrent davantage cette réalité.

Aussi, la recherche d'un « indicateur parfait » permettant de mesurer l'importance des ressources d'une collectivité par rapport à ses charges revient souvent sur le devant de l'actualité. Cette quête d'un indice synthétique parfait semble pourtant vaine par avance et ce d'autant plus que parfois le secteur local fonctionne avec des indicateurs qui ne favorisent pas les collectivités les plus défavorisées.

À la lumière de cet exposé, cinq points apparaissent ainsi importants :

– la cible de péréquation (§ 1) ;

– les indicateurs de ressources (§ 2) ;

– les indicateurs de charges (§ 3) ;

– le mythe de l'indice synthétique (§ 4) ;

– les critères contre-péréquateurs (§ 5).

§ 1. La cible de péréquation

La cible de péréquation consiste soit à définir un taux de réduction des inégalités, soit un volume de péréquation. Si le droit français oscille entre les deux démarches, il apparaît toutefois que la seconde approche soit davantage réalisable que la première.

Le droit français (A) se trouve donc en retrait par rapport à d'autres pays (B) concernant la mise en place d'une cible de solidarité financière.

A. Le cas français

La fixation d'une cible chiffrée à la péréquation est envisagée par la loi du 4 février 1995[227] puis abandonnée. Selon l'article 68 de cette loi,

> « les ressources ainsi calculées, rapportées, par an, au nombre des habitants de l'espace régional considéré, sont corrigées afin de tenir compte des charges des collectivités concernées et de leurs groupements. Elles ne peuvent être inférieures à 80 p. 100 ni excéder 120 p. 100 de la moyenne nationale par habitant des ressources des collectivités territoriales et de leurs groupements ».

Cette disposition, compte tenu de la difficulté de sa mise en œuvre, est restée lettre morte.

À l'heure actuelle, la politique de péréquation en France ne vise ni une réduction complète ni une réduction partielle à hauteur d'une proportion donnée, des inégalités de pouvoir d'achat entre collectivités territoriales. L'alinéa 5 de l'article 72-2 de la C cherche uniquement à promouvoir davantage l'égalité, sans s'engager sur une cible chiffrée.

Dans le cadre des débats parlementaires de la loi de finances pour 2013[228], la question s'est posée de savoir s'il ne fallait pas créer un indicateur de ressources prenant en compte les ressources de fiscalité directe, mais également « les dotations de péréquation ». L'hypothèse d'un indicateur de ressources élargi comprenant ainsi le potentiel financier, majoré des dotations de péréquation inclues dans la dotation globale de fonctionnement (DGF), à savoir la dotation de solidarité urbaine et de cohésion sociales (DSUCS), la dotation de solidarité rurale (DSR) et la dotation nationale de péréquation (DNP), majoré, dans certains cas, des versements reçus des FDPTP, est même émise

227. *Op. cit.*

228. Loi nº 2012-1509 du 29 décembre 2012 de finances pour 2013, *JO* du 30 décembre 2012, p. 20859.

par le Sénat[229]. Mais devant les risques importants de déplacement de ressources, cette hypothèse est rejetée. Cependant, cet indicateur ne doit pas être purement et simplement écarté, il présente un grand intérêt.

Plus récemment, le Sénat a voulu créer un objectif global de péréquation. Dans ce système, le législateur aurait dû s'assurer qu'aucune commune ou ensemble intercommunal n'ait, dans un délai de dix ans à compter de la publication de la présente loi, un indicateur de ressources élargi par habitant, corrigé par les dispositifs de péréquation horizontale, inférieur à 90 % de celui de sa strate démographique. Ce taux aurait été fixé à 90 % pour les départements. Cette hypothèse, créant sans doute une juridicité trop forte, a également été rejetée[230].

La mise en place du Fonds de péréquation intercommunale et communale (FPIC) en 2011 s'accompagne, pour sa part, d'une cible de montant à péréquer au cours des années. Selon l'article L. 2336-1 du CGCT,

> « à compter de 2016, les ressources du fonds sont fixées à 2 % des recettes fiscales des communes et de leurs groupements dotés d'une fiscalité propre ».

229. Pour les départements, l'indicateur de ressources élargi aurait également pris en compte les dotations de péréquation versées par l'État dans le cadre de la DGF en complément du potentiel financier. Il s'agit de la dotation de fonctionnement minimale (DFM) pour les territoires ruraux et la dotation de péréquation urbaine (DPU).

230. Pour le détail de cette proposition, voir M. HOUSER, « La péréquation, objet de toutes les attentions de la loi de finances pour 2012 », *AJCT*, janvier 2012, p. 4-6.

Document 20

La montée en puissance de la péréquation horizontale

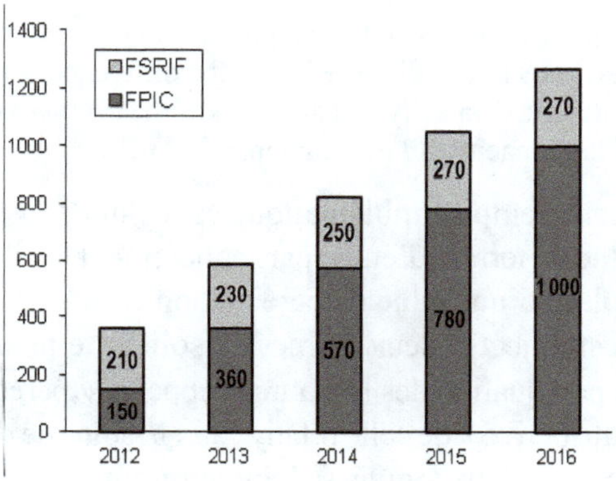

Source : Observatoire des finances locales, 2013.

Lors des débats concernant la loi de finances pour 2015, certains parlementaires ont souhaité revoir, sans succès, les montants pour 2015 et 2016.

B. Les hypothèses retenues en droit étranger

Un certain nombre de pays s'engagent dans l'adoption d'une cible de péréquation.

En Allemagne, l'idée d'un seuil minimal relatif de richesse garanti aux collectivités les plus pauvres ressemble fortement à la logique en vigueur pour la péréquation horizontale entre Länder allemands (*Länderfinanzausgleich*).

Dans ce système, chaque Land se voit garantir un niveau de recettes par habitant égal à 95 % du niveau moyen national. Le modèle allemand poursuit un objectif de redistribution très ambitieux, impliquant un taux de prélèvement très élevé sur les recettes fiscales des

Länder les plus riches (Bavière, Bade-Wurtemberg et Rhénanie-du-Nord-Westphalie)[231]. L'OCDE relève également l'existence d'autres mécanismes sensiblement équivalents :

> « For instance, the Swedish equalisation grant (for municipalities) aims at equalising 95 % of the difference between a guaranteed tax capacity (set at 115 % of the average) and the actual tax capacity of law municipalities. »[232]

Un dernier exemple emblématique est celui de la Norvège. Ce pays constitue un terrain d'étude particulièrement fertile concernant la mise en place d'une cible de péréquation entre communes. Pour parvenir à cet objectif, deux formes de solidarité financière apparaissent : la péréquation des ressources appelée « péréquation de la capacité contributive » de celle relative aux besoins de dépense alors qu'en France, ces deux logiques s'entrecroisent.

Dans la première catégorie, l'objectif consiste à définir un taux de péréquation de la capacité contributive à hauteur de 55 %, ce qui signifie

> « que les communes dont la capacité contributive est inférieure à la moyenne bénéficient d'un transfert monétaire représentant 55 % de la différence entre la base d'imposition réelle par habitant dans la commune et la base d'imposition moyenne par habitant dans une commune norvégienne »[233].

Il existe également un surplus pour les communes dont la base d'imposition est inférieure à 90 % de la moyenne, dans ce cas, elles bénéficient d'un complément de 35 %. Reste la question de la définition de la capacité contributive. Cette dernière se fonde sur l'impôt sur

---

231. Conseil des prélèvements obligatoires, *La fiscalité locale*, 2010, p. 488.

232. *Op. cit.*, p. 144. On peut traduire cette remarque de l'OCDE par la formulation suivante : « Par exemple, les subventions de péréquation suédoise (pour les communes) visent à égaliser 95 % de la différence entre une capacité d'impôts garantie (établi à 115 % de la moyenne) et la capacité d'impôt réelle prévu par les choix municipaux. »

233. OCDE, *Examens territoriaux, Norvège*, 2007, p. 250.

le revenu et sur l'impôt sur les sociétés. Sont en revanche exclus les impôts immobiliers et les impôts sur les ressources naturelles, car seulement 60 % des communes norvégiennes les prélèvent.

§ 2. Les indicateurs de ressources

L'appréciation des ressources d'une collectivité s'effectue de plusieurs façons, compte tenu notamment du pouvoir de taux créant ainsi des différences subjectives de ressources entre collectivités[234]. L'objectif consiste alors à neutraliser ce dernier afin d'analyser réellement les richesses d'une collectivité, c'est-à-dire ses bases d'imposition. Les critères retenus mesurent tantôt la richesse financière de la collectivité, tantôt la richesse de ses habitants. Dès lors, plusieurs interrogations apparaissent avec notamment le débat sur un indicateur propre à la collectivité ou fondé sur la richesse des habitants (A), la création de l'effort fiscal qui permet de mesurer l'utilisation du levier fiscal (B), le calcul de la richesse financière de la collectivité (C) et la création d'un nouvel indicateur dit de ressources élargies (D).

A. Le débat sur un indicateur propre à la collectivité ou fondé sur la richesse des habitants

Si, en France, l'indicateur le plus utilisé est le potentiel fiscal ou financier calculant la richesse des bases d'une collectivité par rapport à une moyenne nationale, en Suisse, est calculé un ratio dépendant de la richesse des habitants et des bases du canton. L'ordonnance sur la péréquation financière et la compensation des charges du 7 novembre 2007 (n° 613.21) définit ainsi un potentiel de ressources d'un canton fondé sur son assiette fiscale agrégée. Celle-ci est égale à la somme des revenus déterminants des personnes physiques, des

234. À l'inverse, la différence objective de ressources renvoie à une composante de l'impôt, sur lequel la collectivité n'a pas d'influence. Il s'agit donc de la base d'imposition.

revenus déterminants pour l'imposition à la source, de la fortune déterminante des personnes physiques, des bénéfices déterminants des personnes morales sans statut fiscal spécial, des bénéfices déterminants des personnes morales jouissant d'un statut fiscal spécial et des répartitions fiscales déterminantes de l'impôt fédéral direct. Le potentiel de ressources de la Suisse est égal à la somme des potentiels de ressources des cantons[235].

B. L'effort fiscal

Créé par la loi du 6 janvier 1966, cet indicateur calcule la pression fiscale exercée par la collectivité. Son utilisation part du postulat qu'une collectivité qui impose plus lourdement ses contribuables s'explique par le fait qu'elle est confrontée à des charges plus lourdes. Cette logique semble corroborée par les analyses récentes[236]. Cependant, devant l'essor des dépenses locales, les collectivités sont parfois accusées de trop dépenser. Aussi, cet indicateur apparaît parfois remis en cause, car ne permettant pas de mesurer réellement les collectivités qui s'avèrent en difficulté de celles qui dépensent trop.

L'effort fiscal d'une commune est égal au rapport entre le produit de la taxe d'habitation, des deux taxes foncières, de la taxe ou redevance pour l'enlèvement des ordures ménagères, et le potentiel fiscal correspondant à ces trois taxes. Le produit et les bases de la cotisation économique territoriale (CET) ne sont pas pris en compte pour le calcul de l'effort fiscal. L'article L. 2334-5 du CGCT prévoit un mécanisme d'écrêtement du produit fiscal pris en compte pour le calcul de l'effort fiscal lorsque l'augmentation du taux moyen pondéré des trois taxes directes locales de la commune est supérieure à celle

235. Voir notamment le *Rapport sur l'évaluation de l'efficacité de la péréquation financière entre la Confédération et les cantons – 2008-2011*, *http://www.admin.ch/ch/f/gg/pc/documents/1855/VorlageF.pdf.*

236. Cons. const., décision n° 2014-707 DC du 29 décembre 2014, Loi de finances pour 2015, Rec., 22947.

constatée pour les communes de même importance démographique. Le produit fiscal est alors calculé sur la base de cette augmentation moyenne. De manière symétrique est prévu un mécanisme destiné à ne pas pénaliser les communes qui baisseraient leur taux d'une année sur l'autre. Le taux pris en compte pour le calcul de la DGF est alors, non pas le dernier taux connu, mais celui de l'exercice précédent.

Pour les communes membres d'un groupement de communes à fiscalité propre, l'effort fiscal se calcule en ajoutant au produit et au taux de chacune de leurs propres taxes communales ceux correspondant au groupement de communes.

La loi de finances pour 2013 a par ailleurs supprimé la référence au potentiel fiscal dans le calcul de l'effort fiscal.

C. La richesse financière

Les critères de calcul de la richesse financière sont particulièrement mouvants. Doit-on prendre en compte seulement la richesse fiscale ou également les ressources provenant de l'État par exemple ? Une autre question concerne la prise en compte des compensations de l'État. Toutes ces interrogations expliquent l'évolution progressive des indicateurs (1). Il convient également d'étudier leur mode de calcul (2). À cet égard, la réforme fiscale de 2010 modifie dans une certaine mesure la répartition de la richesse locale, d'où la nécessité de redéfinir ces modes de calcul (3). *In fine*, l'utilisation de ces indicateurs (4) constitue, par ailleurs, un aspect à étudier.

1. L'évolution des indicateurs

Le premier indicateur, abondamment utilisé, est le potentiel fiscal créé en 1979. Ce dernier a subi plusieurs réformes dont une avec l'article 71 de la loi du 4 février 1995[237], qui introduit pour la première fois dans son calcul, les compensations versées par l'État en contrepartie des exonérations ou des réductions de bases d'imposition.

À titre d'exemple, pour les départements, l'article L. 3334-6 du CGCT dispose que le potentiel fiscal est majoré de la dotation de compensation versée au département et du reliquat de la dotation forfaitaire, la part correspondant à la compensation de la suppression de la part salaire de la taxe professionnelle ayant déjà été prise en compte dans le calcul du potentiel fiscal.

Cet indicateur apparaît rapidement comme étant insuffisant pour réellement mesurer la richesse d'une collectivité, car ne tenant pas compte des dotations reçues par la collectivité. Aussi, en 2004 et en 2005, un nouvel indicateur, le potentiel financier est créé.

Plus récemment, la loi de finances pour 2012[238] instaure un nouvel indicateur, le potentiel financier agrégé (PFIA), permettant de calculer la richesse d'un EPCI et de ses communes membres. Enfin, la réforme fiscale de 2010, en modifiant totalement le panier de recettes des collectivités, entraîne, dans le même temps, une refonte totale de ces indicateurs.

2. Le calcul de ces indicateurs

L'indicateur de base de la richesse fiscale d'une collectivité est le potentiel fiscal défini par l'article L. 2334-4 du CGCT. Celui d'une commune est égal à la somme que produiraient les quatre taxes directes de cette collectivité si l'on appliquait aux bases communales de ces quatre taxes le taux moyen national d'imposition à chacune

---

237. *Op. cit.*

238. Loi n° 2011-1977 du 28 décembre 2011 de finances pour 2012, *JO* du 29 décembre 2011, p. 22441.

de ces taxes. Il est majoré du montant perçu l'année précédente au titre de la part de la dotation forfaitaire prévue au sixième alinéa de l'article L. 2334-7 du CGCT.

Le potentiel financier est égal à son potentiel fiscal, majoré du montant de la dotation forfaitaire perçu par la commune l'année précédente, hors la part prévue au sixième alinéa (3°) de l'article L. 2334-7 du CGCT fondée en partie sur la population. Il est minoré, le cas échéant, des prélèvements sur le produit des impôts directs locaux mentionnés au dernier alinéa de l'article L. 2334-7 du CGCT subis l'année précédente. Pour les départements, le potentiel financier intègre une partie de l'ancienne DGD créée pour compenser les transferts de compétences de l'État aux départements.

Le potentiel financier constitue donc un « indicateur de ressources » plus large que celui de potentiel fiscal. Il prend en compte, non seulement, les ressources fiscales, mais aussi certaines dotations versées automatiquement par l'État. Toutefois, le potentiel financier souffre de certains défauts concernant la prise en compte des inégalités, car il ne mesure pas strictement les différences de richesse. La réforme de 2005, en prenant en compte pour les communes la part forfaitaire et pour les départements une partie de la DGD, fausse toutefois le débat et l'objectivité de cet indicateur.

3. Les nouveaux modes de calcul

Le potentiel fiscal des communes et des EPCI intègre, depuis la réforme de la fiscalité locale de 2010, l'ensemble des nouvelles impositions perçues par ces collectivités en remplacement de l'ancienne taxe professionnelle. Aux anciennes impositions s'ajoutent dorénavant les nouveaux produits professionnels, dont certains sont également « potentialisés » (cotisation foncière des entreprises [CFE], ancienne part départementale de la taxe d'habitation) et dont d'autres correspondent aux produits réellement perçus : cotisation sur la valeur ajoutée des entreprises (CVAE), impositions forfaitaires sur les entreprises de réseau (IFER), taxe sur les surfaces commerciales (TASCCM), dotation de compensation de la réforme de la taxe professionnelle

DCRTP, prélèvements ou reversements au titre du Fonds national de garantie individuelle des ressources (FNGIR), redevance des mines, produit des jeux et surtaxe sur les eaux minérales.

Le potentiel fiscal des départements (article L. 3334-6 du CGCT) repose également sur un nouveau panier d'imposition composé de la taxe foncière sur les propriétés non bâties, des nouveaux produits remplaçant la taxe professionnelle (CVAE, IFER, DCRTP, prélèvements/reversements au Fonds national de garantie des ressources individuelles), de la taxe sur les conventions d'assurance (TSCA), de l'ancienne part État des droits de mutation à titre onéreux (DMTO) et de la moyenne sur cinq ans des DMTO perçus par les départements. Cependant, le mode de calcul de cet indicateur prête encore à discussion. Preuve en est de la volonté du Sénat de modifier son mode de calcul lors des travaux parlementaires de la loi de finances pour 2015[239].

Le potentiel fiscal des régions est remplacé par un indicateur de ressources fiscales des régions (IRFR) composé de la CVAE, des IFER, de la taxe sur les certificats d'immatriculation des véhicules

239. Selon la proposition du Sénat, le potentiel fiscal aurait été égal à la différence entre les deux termes suivants : « *a)* La somme du produit déterminé par l'application aux bases départementales de taxe foncière sur les propriétés bâties, de taxe foncière sur les propriétés non bâties et de taxe d'habitation du taux moyen national d'imposition de chacune de ces taxes au titre de l'année 2010 et du produit déterminé par l'application aux bases départementales de taxe professionnelle du taux moyen national d'imposition de cette taxe au titre de l'année 2009 » ; et « *b)* La somme du produit déterminé par l'application aux bases départementales de taxe foncière sur les propriétés bâties du taux moyen national de cette taxe au titre de l'année 2011, des produits perçus en 2011 par le département au titre de la cotisation sur la valeur ajoutée des entreprises et des impositions forfaitaires sur les entreprises de réseaux prévus à l'article 1586 du Code général des impôts et des produits perçus en 2011 par le département au titre de l'imposition prévue aux 2° et 6° de l'article 1001 du même code et des montants positifs ou négatifs résultant de l'application des 1.2 et 2.2 de l'article 78 de la loi n° 2009-1673 du 30 décembre 2009 de finances pour 2010 perçus ou supportés par le département en 2011 », version de la loi de finances pour 2015 adoptée le 9 décembre 2014 (article 59 *bis* A).

et de la taxe intérieure sur les produits pétroliers (TIPP) modulable. Ces produits sont minorés, le cas échéant, du prélèvement au titre du FNGIR. Ce nouvel indicateur est effectivement utilisé, pour la première fois, pour la répartition de la DGF des régions en 2013.

4. L'utilisation de ces indicateurs

Ces indicateurs de base permettent de calculer des ratios de comparaison, qui sont obligatoires depuis la loi Administration territoriale de la République (ATR) du 6 février 1992[240] pour chaque collectivité territoriale. Ainsi, doit être calculé le coefficient de mobilisation du potentiel fiscal. Il s'agit d'un indicateur général de pression fiscale, égal au rapport entre le produit des quatre taxes et le potentiel fiscal. Il est calculé pour les communes n'appartenant pas à un groupement à TPU, les départements et les régions.

Les potentiels fiscal et financier sont également utilisés, pour les communes, dans le calcul des dotations de péréquation (dotation de solidarité urbaine et de cohésion sociale [DSUCS], dotation de solidarité rurale [DSR], dotation nationale de péréquation [DNP], dotation d'intercommunalité [DGF intercommunale] ainsi que pour le Fonds de solidarité des communes de la région Île-de-France [FSRIF].

Pour les régions, ces indicateurs sont utilisés pour la dotation de péréquation régionale.

Pour les départements, ces indicateurs interviennent dans le cadre du calcul de la dotation de fonctionnement minimale, de la dotation de péréquation urbaine, mais également dans le calcul des compensations de l'État versées pour l'APA ou la PCH par le biais de la caisse nationale de solidarité et d'assurance (CNSA).

240. Loi d'orientation nº 92-125 du 6 février 1992 relative à l'administration territoriale de la République, *JO* du 8 février 1992, p. 2064.

D. Les nouveaux indicateurs

À la suite de la réforme de 2010, de nouveaux indicateurs voient le jour, notamment l'indicateur de ressources élargi (1) et l'indicateur de richesse fiscale des régions (2).

1. L'indicateur de ressources élargi

La nécessité d'un nouvel indicateur s'explique par la réforme fiscale de 2010. Comme l'indique un rapport parlementaire :

> « La notion de potentiel financier telle que définie par le présent article n'est pas satisfaisante pour mettre en œuvre les dispositifs de péréquation horizontale. En effet, en excluant les dotations de péréquation verticale, elle ne prend pas en compte l'ensemble des ressources dont disposent les départements. Or, comme l'avait noté le rapport de votre commission des finances sur la péréquation horizontale, la prise en compte des dotations de péréquation versées par l'État pour définir un indicateur de ressources est nécessaire[241]. »

Aussi, un nouvel indicateur, dit de ressources élargi [IRE], est instauré par l'article 140 de la loi de finances pour 2012[242]. Son contenu est codifié à l'article L. 2334-4 du CGCT selon lequel :

> « L'indicateur de ressources élargi d'une commune est égal à son potentiel financier majoré des montants perçus l'année précédente au titre de la dotation de solidarité urbaine et de cohésion sociale ou de la dotation de solidarité rurale et de la dotation nationale de péréquation prévues à l'article L. 2334-13 du présent code. Il est augmenté, le cas échéant, des versements reçus des fonds départementaux en application du II de l'article 1648 A du Code général des impôts. »

---

241. Mission « Relations avec les collectivités territoriales » et articles rattachés : « Compte de concours financiers » et « Avances aux collectivités territoriales », F. Marc et P. Jarlier, rapporteurs spéciaux, 2012.

242. *Op. cit.*

« Le potentiel fiscal par habitant, le potentiel financier par habitant et l'indicateur de ressources élargi par habitant sont égaux, respectivement, au potentiel fiscal, au potentiel financier et à l'indicateur de ressources élargi de la commune divisés par le nombre d'habitants constituant la population de cette commune. »

2. L'indicateur de richesse fiscale des régions (IRFR)

La loi de finances pour 2012 crée, quant à elle, l'indicateur de richesse fiscale des régions pour tenir compte de l'évolution de leur fiscalité. Cette catégorie de collectivité subit des évolutions considérables avec cette réforme, perdant tout pouvoir de taux et voyant ses ressources totalement renouvelées. La région ne perçoit désormais plus la taxe foncière sur les propriétés bâties, non bâties et la taxe professionnelle. Elle n'a donc plus aucun pouvoir de taux étant donné qu'elle avait déjà perdu en 2000 la taxe d'habitation).

Le mode de calcul de ce nouvel indicateur est le suivant :

IRFR = Produit de CVAE
+ Produit de l'IFER matériel roulant
+ Produit de l'IFER répartiteurs principaux
Produit de la taxe sur les certificats d'immatriculation
+ Produit de la TICPE modulable
- Minoré du prélèvement FNGIR

Comme le relève l'IGF,

« l'IRFR moyen par habitant en 2013 est de 99 € par habitant allant de 79 € à 121 € pour les régions de métropole, suivant une distribution relativement homogène comme l'illustre le graphique suivant »[243].

243. IGF, *Enjeux et réformes de la péréquation financière...*, *op. cit.*, p. 108.

Document 21

Dispersion des montants d'IRFR par habitant entre les régions métropolitaines en 2013

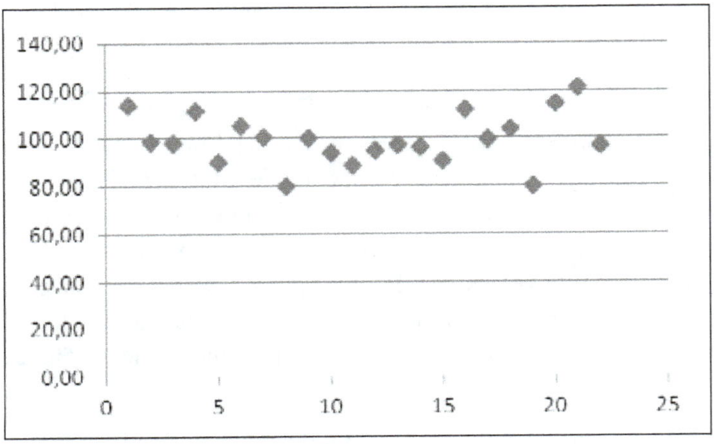

Source : IGF, *Enjeux et réforme de la péréquation financière*, annexe régions.

§ 3. Les indicateurs de charge

Les indicateurs de charge mesurent les dépenses des collectivités. Si un certain nombre de critères (A) sont régulièrement utilisés pour comparer les collectivités entre elles, désormais, le revenu est souvent utilisé, car, les collectivités, avec des habitants peu aisés, doivent aider davantage leur citoyen, impliquant des charges plus élevées (B).

A. Des critères de charges

Le droit français utilise peu de critères de charges dans ses mécanismes de péréquation (1) contrairement au droit étranger (2). Cependant, certaines études doctrinales s'efforcent de réintégrer les charges des communes dans une logique de comparaison (3).

1. Le faible emploi des critères de charges en droit français

Les charges prises en compte pour la péréquation varient suivant le type de collectivité. Ainsi, la population, la longueur de voirie, le nombre de logements sociaux ou encore le nombre d'enfants de moins de 16 ans pour le calcul de la DSR[244] constituent des critères classiques pour la DGF communale ; pour les départements, les dépenses sociales et les bénéficiaires de prestations de solidarité sont souvent pris en compte (ex. : article L. 3335-1 du CGCT à propos du fonds de péréquation de la CVAE).

2. Les exemples du droit étranger

La péréquation des besoins de dépense apparaît comme une originalité en Norvège au regard du fonctionnement en droit français. Selon, l'OCDE, les critères pris en compte définissent

> « les coûts objectifs qui découlent de la réalisation des obligations locales en matière de biens et de services comme l'éducation et l'aide sociale. Le mécanisme de péréquation compense les coûts objectifs sur lesquels les communes n'ont aucune prise et non l'inefficacité ou les coûts d'autres initiatives de la municipalité »[245].

En Norvège à titre d'exemple, dix-neuf critères sont définis et pondérés :

244. Article L. 2334-22 et 22-1 du CGCT.
245. *Ibid.*, p. 250.

Document 22

Critères de charges en Norvège pour la péréquation

Critère	Poids en %
Valeur de base	2,5
Habitants de 0 à 5 ans	2,3
Habitants de 6 à 15 ans	30,8
Habitants de 16 à 66 ans	12
Habitants de 67 à 79 ans	8,5
Habitants de 80 à 89 ans	13,3
Habitants de 90 ans et plus	4,9
Personnes divorcées et séparées âgées de 16 à 59 ans	3,8
Chômeurs de 16 à 59 ans	1,1
Temps de trajet calculé	1,5
Temps de trajet pour se rendre au centre régional le plus proche	1
Temps de trajet pour se rendre au centre local le plus proche	1,1
Taux de mortalité	2,5
Célibataire de 67 ans et plus	2,5
Immigrés	0,5
Personnes souffrant d'un handicap mental, âgées de 16 ans et plus	6,6
Personnes d'un retard mental âgées de moins de 16 ans	0,4
Critère de la population totale	4,2
Critères de l'occupation des sols	0,5
	100

Source : Ministère des Collectivités locales et du Développement régional, 2005.

3. Les études économétriques

Deux économistes ont cherché à analyser les écarts de richesse entre communes à l'aide de modèles économiques prenant en compte les ressources et les charges des communes. Pour G. Gilbert et A. Guengant,

> « l'indice de charges par habitant vise à convertir la richesse fiscale nominale en pouvoir d'achat, compte tenu des disparités territoriales de coût d'usage des services publics locaux ».

Plusieurs critères de charges ont été identifiés dans cette démarche : la population INSEE, les résidences secondaires, le nombre d'élèves, les logements locatifs sociaux, la longueur de la voirie, la superficie du territoire communal, la commune de montagne, la commune touristique au sens de la DGF de 1985, la ville-centre, le bourg-centre[246].

B. Le revenu

Un nouveau critère utilisé depuis quelques années apparaît sur le devant de la scène, il s'agit du revenu par habitant. Pendant longtemps, ce dernier était indifférent à toute mesure des inégalités et inutilisé dans la péréquation financière locale. Le rapport du Comité des finances locales (CFL) de 2004 illustre bien la crainte à l'égard de ce critère, lorsqu'il indique « que le revenu ne constitue pas une véritable alternative… »[247]

---

246. G. Gilbert et A. Guengant, « Évaluation de la performance péréquatrice des concours financiers de l'État aux communes », *Économie et statistique*, n° 373, 2004.

247. *Rapport du groupe de travail du CFL sur les finances locales (2004).*

Une décennie plus tard, le revenu est employé dans la plupart des calculs de péréquation. Le changement de philosophie s'avère spectaculaire. Outre sa simplicité, la DGCL confirme la bonne corrélation existante entre les charges effectives supportées par les communes et les intercommunalités et les revenus moyens de leurs habitants[248].

Ce critère peut être considéré comme un critère de charges. Comme l'explique fort bien un rapport parlementaire,

> « pour garantir la simplicité et la lisibilité du critère de charges pris en compte au sein de l'indice synthétique, le groupe de travail a retenu un unique critère : le revenu moyen par habitant de l'EPCI ou de la commune isolée concernée »[249].

Certains rapports parlementaires revendiquent clairement l'utilisation plus intensive de ce critère à la lumière des expériences étrangères

> « dans la mesure où [sa prise en compte] a permis, dans les pays européens utilisant cette notion comme critère de répartition, une forte égalisation des ressources des collectivités territoriales »[250].

Malgré tout, des interrogations demeurent sur son mode de calcul et l'IGF, à cet égard, se demande s'il ne faudrait pas substituer le revenu médian[251] au revenu moyen[252].

---

248. Sénat, *Rapport d'information sur la péréquation financière entre les collectivités territoriales : les choix de la commission des finances du Sénat*, 6 juillet 2011, P. DALLIER, C. GUENE, P. JARLIER et A. DE MONTGOLFIER.

249. *Ibid.*

250. Sénat, *Rapport d'information sur la péréquation*, MM. MEZARD et POINTEREAU, 23 février 2010, n° 309, p. 38.

251. La médiane constitue la valeur qui sépare une population en deux groupes de même taille.

252. IGF, *Enjeux et réformes de la péréquation financière des collectivités territoriales*, juin 2013, p. 15.

§ 4. L'indice synthétique

L'indice synthétique calcule la position d'une collectivité par rapport à une autre en fonction de ses dépenses et de ses ressources. Cet indicateur, croisant les dépenses et les ressources de chaque collectivité, pallie les limites de l'utilisation séparée de critères de ressources et de charges.

Utiliser les seuls critères de ressources aboutit à négliger les collectivités soumises à de fortes charges. L'exemple de la mise en place de la péréquation des droits de mutation avec la situation du département du Nord est emblématique. Cette collectivité est considérée comme contributrice en raison de ses fortes ressources, mais sa situation financière s'avère en réalité très difficile à cause de ses fortes charges dans le domaine social. Le Conseil constitutionnel rejette toutefois cet argumentaire, les juges constitutionnels se limitant à leur traditionnelle position vérifiant que les critères du législateur soient rationnels et objectifs[253].

L'indice synthétique n'est toutefois pas utilisé de façon uniforme au sein des dotations d'État. Employé pour la première fois dans le cadre de la dotation de solidarité urbaine en 1991, il repose sur des écarts de ressources et de charges socio-urbaines des communes, calculés par rapport à un ensemble d'indicateurs relatifs au potentiel

253. Dans sa décision du 29 juin 2012, pour le juge constitutionnel, « considérant que, selon les départements requérants, en recourant à des critères exclusivement fondés sur la richesse fiscale, qui auraient pour effet d'opérer des redistributions de ressources fiscales entre départements sans tenir compte des besoins de financement de ces derniers, les dispositions contestées méconnaissent le principe d'égalité des collectivités territoriales devant les charges publiques… les critères de détermination des départements contributeurs et des départements bénéficiaires comme les critères de redistribution retenus sont objectifs et rationnels ; qu'ils sont en lien direct avec l'objectif poursuivi par le législateur de redistribuer les recettes provenant de la part départementale des droits de mutation à titre onéreux ; qu'il n'en résulte pas de rupture caractérisée de l'égalité des collectivités territoriales devant les charges publiques », décision précitée, *op. cit.*

financier des communes, au nombre de logements sociaux, au nombre des bénéficiaires des prestations logement et au revenu fiscal moyen des ménages. Il classe les communes les unes par rapport aux autres à partir d'un seul indice agrégé.

La dotation de solidarité rurale (DSR) fonctionne également avec un indice synthétique. Ce dernier est fonction :

– pour 70 %, du rapport entre le potentiel financier par habitant moyen des communes de même strate et le potentiel financier de la commune ;
– pour 30 %, du rapport entre le revenu par habitant moyen des communes de même strate et le revenu par habitant de la commune.

D'autres strates de collectivités utilisent également un indice synthétique. Ainsi, il est calculé (article L. 3334-6-1 du CGCT) pour chaque département éligible, un indice synthétique de ressources et de charges des départements urbains éligibles en tenant compte :

1° du rapport entre le potentiel financier par habitant de l'ensemble des départements urbains et le potentiel financier par habitant du département, tel que défini à l'article L. 3334-6 du CGCT ;

2° du rapport entre la proportion du total des bénéficiaires d'aides au logement, tels que définis à l'article L. 2334-17 du CGCT, dans le nombre total de logements du département et cette même proportion constatée dans l'ensemble des départements urbains ;

3° du rapport entre la proportion du total des bénéficiaires du montant forfaitaire mentionné au 2° de l'article L. 262-2 du Code de l'action sociale et des familles dans le département et cette même proportion constatée dans l'ensemble des départements urbains, calculé en prenant en compte la population définie au premier alinéa de l'article L. 3334-2 du CGCT ;

4° du rapport entre le revenu moyen par habitant de l'ensemble des départements urbains et le revenu par habitant du département, calculé en prenant en compte la population définie au premier alinéa de l'article L. 3334-2 du CGCT. Le revenu pris en considération est le dernier revenu imposable connu.

Plus récemment, la création d'un FPIC s'est également appuyée sur un indicateur synthétique en calculant la participation des communes et de l'EPCI sur la base d'un indice tenant compte de leur potentiel financier agrégé, du revenu moyen par habitant et de leur effort fiscal.

La montée en puissance de ce dispositif permet une plus grande efficacité au regard des autres mécanismes de péréquation verticale :

Document 23

Évolution globale de la performance péréquatrice du FPIC et des dotations 2012-216

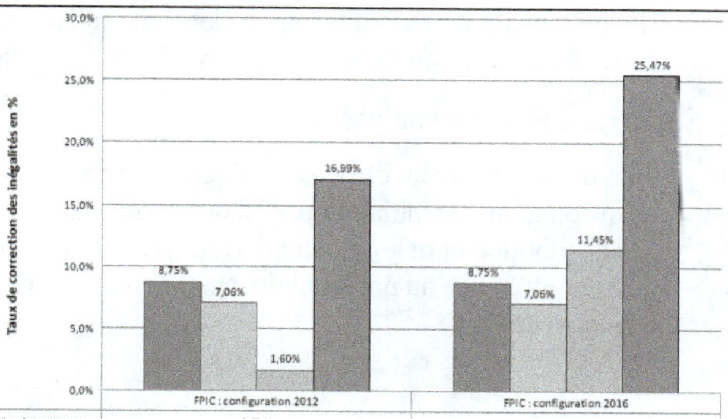

	FPIC : configuration 2012	FPIC : configuration 2016
Dotations de péréquation des communes	8,75%	8,75%
Dotation d'intercommunalité	7,06%	7,06%
FPIC	1,60%	11,45%
Ensemble dotations et fonds	16,99%	25,47%

Source : *Rapport du Gouvernement relatif au fonds national de péréquation des ressources intercommunales et communales (FPIC) en application de l'article 144 de la loi de finances pour 2012*, septembre 2012.

D'un point de vue doctrinal, G. Gilbert et A. Guengant proposent de raisonner à partir du « pouvoir d'achat » des collectivités, qui se calcule en fonction d'un indice synthétique d'inégalité[254], dont la définition économique apparaît ci-dessous :

> « Dans cette perspective, l'évaluation exige l'utilisation d'un indice synthétique d'inégalité, par exemple l'indice de Gini. L'indice de Gini correspond à la somme des valeurs absolues des écarts de pouvoir d'achat entre toutes les collectivités prises deux à deux. Une double normalisation est opérée, tout d'abord en calculant un écart moyen compte tenu du nombre de comparaisons effectuées (le carré du nombre de collectivités) puis, ensuite, en le divisant par deux fois la moyenne. L'indice varie alors entre 0 et 1. Si toutes les collectivités possèdent le même pouvoir d'achat, aucun écart de pouvoir d'achat n'est enregistré, donc la valeur de l'indicateur est nulle. La borne inférieure décrit une situation d'égalité parfaite. À l'inverse, si une collectivité possède la totalité du pouvoir d'achat et les autres rien, l'indice plafonne à un. La borne supérieure caractérise une situation d'inégalité maximale. Toute valeur comprise entre zéro et un traduit un degré intermédiaire d'inégalité[255]. »

Sur la base de cette analyse,

> « les disparités finales de pouvoir d'achat des communes sont ainsi doublement réduites, tout d'abord, en niveau par rapport à la distribution initiale du potentiel fiscal et, ensuite, en variation par référence au potentiel financier après répartition des concours de l'État »[256].

---

254. G. GILBERT et A. GUENGANT, « Évaluation de la performance péréquatrice des concours financiers de l'État aux communes », *Économie et statistique*, n° 373, 2004, p. 82.

255. *Ibid.*

256. *Ibid.*, p. 21.

§ 5. Les critères contre-péréquateurs

Le panier de ressources des collectivités territoriales résulte d'un long processus de sédimentation de réformes successives. L'objectif d'une péréquation favorisant davantage les collectivités défavorisées n'est que très récent, aussi, de nombreux mécanismes au sein des finances locales préservent des situations historiques et renforcent les inégalités. À cet égard, la qualification de situation contre-péréquatrice est parfois employée.

Sans entrer dans le détail de tous les mécanismes, l'utilisation du coefficient d'intégration fiscale (CIF) pour l'intercommunalité (A) et la mise en place d'un coefficient logarithmique (B) pénalisent les collectivités défavorisées.

A. Le coefficient d'intégration fiscale (CIF)

Le CIF est un élément déterminant dans le calcul de la dotation d'intercommunalité (dotation de base et dotation de péréquation). Il mesure le poids de la fiscalité du groupement servant à l'exercice effectif des compétences de l'EPCI, par rapport à la masse de fiscalité générée sur l'ensemble de son périmètre d'action (article L. 5211-30 du CGCT).

Le CIF est égal au rapport entre :

- le produit fiscal (n-1) perçu par l'EPCI servant à l'exercice effectif de ses compétences, minoré des dépenses de transfert (n-2) pour les communautés de communes à contribution économique territoriale unique et les communautés d'agglomération ;
- et le produit fiscal (n-1) perçu par l'EPCI, et les communes membres et syndicats situés sur son territoire.

Plus l'intégration fiscale est forte (volonté de mise en commun des ressources fiscales), plus le montant de la dotation globale de fonctionnement (DGF) s'apprécie. L'utilisation du CIF relègue toutefois au second rang la logique péréquatrice dans le calcul de la DGF, même si certains critères péréquateurs comme le potentiel fiscal sont utilisés. La mise en place d'un indicateur pour évaluer la mise en commun des personnels dans un EPCI relègue la péréquation au second plan[257].

B. Le coefficient logarithmique

L'utilisation d'un tel coefficient avantage les communes dotées de plus d'habitants, car celles-ci seraient soumises à de plus fortes charges. L'objectif ne consiste pas à remettre en cause, par principe, cette logique, mais à s'interroger sur son existence et sa légitimité. Le Sénat, lors des travaux parlementaires concernant la loi de finances pour 2015, a supprimé simplement ce coefficient[258]. L'Assemblée nationale est revenue *in extremis* en dernière lecture sur cette proposition. Une telle réforme sera sans doute à nouveau abordée dans le cadre de la loi de finances pour 2016 avec la réforme de la DGF.

La dotation de base de la DGF tient, par exemple, compte « des charges liées à l'importance de la population ». Définie par l'article L. 2334-7 du CGCT, cette logique apparaît normale. Cependant, ce même article prévoit un accroissement constant de la dotation de base en fonction de la population, donnant lieu au coefficient logarithmique suivant :

257. M. HOUSER, « La difficile évaluation des économies budgétaires lors d'une mutualisation », *in* M.-Ch. STECKEL-ASSOUÈRE (dir.), *Regards croisés sur les mutations de l'intercommunalité*, L'Harmattan, 2014, p. 299 et s.

258. Sénat, version de la loi de finances pour 2015 adoptée le 9 décembre 2014, voir article.

Document 24

Mode de calcul du coefficient logarithmique

Formule de calcul du coefficient	
Population	Coefficient
Inférieure ou égale à 500 habitants	1
Supérieure à 500 habitants et inférieure à 200 000 habitants	1 + 0,38431089 * log (population/500)

Source : *Rapport Germain sur la proposition de loi tendant au traitement équilibré des territoires par une réforme de la DGF*, 1er octobre 2013, n° 3, p. 12.

La variation de ce coefficient en fonction de la population est la suivante :

Document 25

Variation du coefficient de pondération en fonction de la population

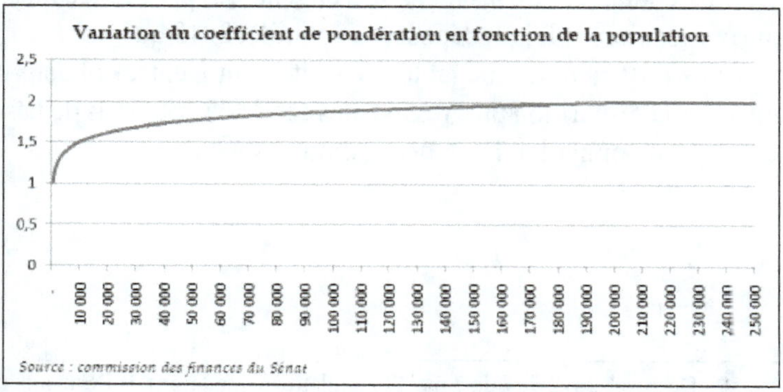

Source : *Rapport Germain sur la proposition de loi tendant au traitement équilibré des territoires par une réforme de la DGF*, 1er octobre 2013, n° 3, p. 12.

La même logique du coefficient logarithmique est reprise dans la mise en œuvre du FPIC. Afin de tenir compte du poids croissant des charges d'une collectivité avec la taille de la collectivité, les populations retenues pour le calcul des potentiels financiers agrégés par habitant sont pondérées par un coefficient logarithmique qui varie de 1 à 2 en fonction croissante de la population du territoire considéré.

Le décret du 7 mai 2012[259] précise les modalités de calcul du coefficient logarithmique de pondération de la population, les modalités de calcul des répartitions internes en fonction du coefficient d'intégration fiscale (CIF) ainsi que certains aspects du calendrier de répartition du fonds. Ces dispositions sont codifiées aux articles R. 2336-1 à R. 2336-6 du CGCT.

Selon le rapport du gouvernement de septembre 2012 sur la mise en œuvre du FPIC,

> « sans coefficient logarithmique, le nombre de collectivités contributrices passerait de 1870 à 792, impliquant une concentration des prélèvements sur un nombre trop réduit de collectivités »[260].

Afin de lutter contre les inégalités engendrées par ce mécanisme, une proposition de loi est déposée le 25 juillet 2013 qui vise à « atténuer très fortement les inégalités de traitement » entre collectivités grâce à « la disparition progressive des écarts de dotations de base à raison de la population DGF des communes »[261].

259. Décret n° 2012-717 du 7 mai 2012 relatif aux dotations de l'État aux collectivités territoriales et à la péréquation des ressources fiscales, *JO* du 8 mai 2012, p. 8564.

260. *Rapport du Gouvernement relatif au fonds national de péréquation des ressources intercommunales et communales (FPIC) en application de l'article 144 de la loi de finances pour 2012*, septembre 2012.

261. Sénat, Proposition de Gérard le Cam, 25 juillet 2013, n° 814.

Toutefois, il est vrai qu'une telle réforme modifierait sans doute en profondeur les ressources des collectivités territoriales expliquant, pour l'instant, la fin de non-recevoir donnée à cette réforme par le Parlement.

L'existence d'une logique sur-proportionnelle en fonction de la population est parfois avancée devant le juge administratif afin qu'il saisisse le juge constitutionnel. Ce dernier, le 17 septembre 2013, considère pour le calcul de la dotation forfaitaire que l'utilisation d'une logique fondée sur la population et non en fonction de strate démographique ne constitue pas une question sérieuse impliquant de saisir le Conseil constitutionnel. Par ailleurs, l'intervention du législateur pour actualiser les montants en fonction de la population ne constitue pas un changement de circonstances de droit affectant la portée des dispositions déclarées conformes à la Constitution[262].

La réforme des indicateurs devient donc inévitable. La multiplication des critères nuit à la lisibilité du système. Sans se prononcer sur une réforme globale, pour la Cour des comptes en 2014,

> « il conviendrait, dans un souci de cohérence d'ensemble et de lisibilité, d'adapter les dispositifs de péréquation existants afin de les faire dépendre d'indicateurs, peu nombreux au total, inspirés par les mêmes logiques d'évaluation des niveaux de richesse. Pour chaque catégorie de collectivités, le choix d'un indicateur synthétique de ressources et de charges devrait être privilégié, les charges, à l'exemple du choix effectué pour le FPIC, pouvant être représentées efficacement par le revenu moyen par habitant »[263].

---

262. CE, 17 septembre 2013, *Commune de Frépillon*, req. n° 370023.
263. Cour des comptes, *Les finances publiques locales*, 2014, p. 211.

PARTIE II

LES NIVEAUX ET INSTRUMENTS DE LA PÉRÉQUATION

Quel est l'échelon idoine pour mettre en œuvre une politique de péréquation ? Le droit français, avec l'aval du Conseil constitutionnel, choisit une péréquation par échelon de collectivités territoriales. Ainsi, la péréquation verticale, c'est-à-dire de l'État aux collectivités territoriales, s'effectue par catégorie de collectivités. Il en est de même dans l'hypothèse de la péréquation horizontale, c'est-à-dire entre collectivités de même niveau. À partir du moment où une réforme de la péréquation semble nécessaire, une question majeure se pose sur l'articulation de ces mécanismes à l'image de la répartition des compétences entre collectivités. Le législateur de 1982 a souhaité que chaque catégorie de collectivités soit guidée par une vocation ; mais en aucun cas, il ne devait s'agir d'une répartition des compétences. Selon un parlementaire de l'époque,

> « il s'agit d'accroître les domaines d'intervention des administrations locales en réduisant ceux de l'État et non pas de procéder à une redistribution entre régions, départements et communes »[1].

Dès lors, à l'image des réformes actuelles cherchant une répartition précise des compétences, la question de l'articulation de la péréquation se pose. L'IGF, dans son rapport de 2013, indique qu'une solution serait que les inégalités résultant de la fiscalité soient d'abord

> « corrigées par des fonds horizontaux (c'est-à-dire par des ressources fiscales), puis que les inégalités restantes [fassent l'objet] d'une seconde correction par des dotations verticales versées par l'État »[2].

1. P. GIROD, rapporteur du projet de loi au nom de la commission des lois du Sénat, dans son rapport écrit (n° 16, 1982-1983).

2. IGF, *Enjeux et réformes de la péréquation financière des collectivités territoriales*, *op. cit.*, p. 33.

Cette articulation semble conforme au principe constitutionnel de l'absence de tutelle d'une collectivité sur une autre, prôné par l'article 72 alinéa 5 de la C, selon lequel, « aucune collectivité territoriale ne peut exercer une tutelle sur une autre ». Cependant, cela interroge à la lumière des évolutions de la décentralisation. Le renforcement des régions et des intercommunalités ne devrait-il pas aboutir à confier de plus amples responsabilités à ces échelons ? Si tel est le cas, deux questionnements apparaissent, d'une part, quelles seraient les marges de manœuvre de la collectivité « re-distributrice » et quelle forme prendrait cette nouvelle fonction ?

Des politiques volontaires peu contraignantes

Une des questions que pose la liberté d'une collectivité pour répartir des sommes financières dans une logique de péréquation concerne les marges de manœuvre dont elle pourrait disposer. L'application de l'affaire *Département des Landes* permet d'avancer un certain nombre de pistes. Le Conseil constitutionnel, dans une décision du 8 juillet 2011, juge finalement que les départements peuvent octroyer des subventions modulées aux communes en fonction des modes de gestion retenues pour gérer les services publics[3]. Ce faisant, en matière de péréquation, les collectivités disposent d'une certaine latitude, comme par exemple, la prise en compte des efforts de gestion ou la mise en place d'une logique de mutualisation pour définir leur propre critère.

De même, en matière de critères pour répartir financièrement les ressources, les collectivités seraient libres de choisir le type de critères et la pondération de ceux-ci, pourvu qu'ils soient « objectifs et rationnels », conformément à la jurisprudence constitutionnelle.

3. Cons. const., décision n° 2011-146 QPC du 8 juillet 2011, *Département des Landes, Rec.*, p. 341.

Vers une péréquation pyramidale ?

La péréquation pyramidale désigne la mise en œuvre d'une péréquation par un échelon décentralisé au profit d'autres collectivités territoriales situées dans son ressort géographique. De telles politiques existent déjà, ne serait-ce que par le biais des subventionnements. Toutefois, il s'agit, dans cette hypothèse, de versements de sommes d'argent destinées à des projets précis. La conception de la péréquation repose, au contraire, sur le versement de sommes libres de toute utilisation, destinées à renforcer la libre administration de collectivités confrontées à de fortes charges.

Si l'utilisation du niveau régional pour mettre en place la péréquation pyramidale constitue une hypothèse envisageable, telle ne semble toutefois pas l'optique retenue par les évolutions récentes. En revanche, le maintien d'une péréquation horizontale par catégorie pose un certain nombre de questions notamment sur le plan local avec la place prise par l'intercommunalité, qui, depuis la mise en place du FPIC, intervient pour répartir des sommes financières entre les communes membres d'un EPCI. Aussi, ne faudrait-il pas aller plus loin et accorder à l'EPCI la possibilité de répartir la DGF des communes ? L'IGF, dans un rapport de 2014, souhaite « faire des intercommunalités des espaces de solidarité financière » et « verser la DGF au niveau intercommunal en l'assortissant de garanties pour les communes membres sur la base d'un dispositif simplifié »[4]. Cette position semble par ailleurs partagée par de nombreuses autres institutions[5].

Dans tous les cas, la péréquation, à l'heure actuelle, repose principalement sur une logique horizontale et verticale ainsi que l'illustre le tableau ci-dessous détaillant les principaux mécanismes :

4. IGF, *Pour un redressement des finances publiques fondé sur la confiance mutuelle et l'engagement de chacun*, M. MALVY et A. LAMBERT, avril 2014, p. 36.

5. Cour des comptes, *Les finances publiques locales*, rapport public thématique, 2014.

Document 26

Tableau des composantes de la péréquation

<table>
<tr><th>Type de péréquation</th><th>Région</th><th>Département</th><th>Intercom-munalités</th><th>Communes</th></tr>
<tr><td rowspan="4">Péréquation verticale</td><td rowspan="4">Dotation de péréquation des régions</td><td rowspan="2">Dotation de fonctionnement minimale (DFM)</td><td rowspan="4">Dotation d'intercom-munalité</td><td>Dotation de solidarité urbaine et de cohésion sociale (DSU)</td></tr>
<tr><td>Dotation de solidarité rurale (DSR)</td></tr>
<tr><td rowspan="2">Dotation de péréquation urbaine (DPU)</td><td>Dotation nationale de péré-quation (DNP)</td></tr>
<tr><td>Fonds départemental de péréquation de la taxe profession-nelle (FDPT)</td></tr>
<tr><td rowspan="3">Péréquation horizontale</td><td rowspan="3">Fonds national de péréqua-tion des ressources preçues par les régions</td><td>Fonds de péré-quation des droits de mutation à titre onéreux des départements</td><td rowspan="3">Fonds national de péréquation des ressources intercom-munales et communales (FPIC)</td><td>fonds de solidarité des communes de la région Ile-de-France (FSRIF)</td></tr>
<tr><td rowspan="2">Fonds de péréquation de la cotisation sur la valeur ajoutée des entreprises</td><td>Fonds national de péréquation des ressources intercommunales et communales (FPIC)</td></tr>
<tr><td>Fonds départe-mental de péré-quation de taxe additionnelle aux droits de mutation</td></tr>
</table>

Source : Document réalisé par l'auteur.

Les mécanismes de la péréquation sont institués par différents procédés balisés que l'ont peut classer juridiquement en plusieurs catégories : la péréquation verticale (*Chapitre 1)*, la péréquation horizontale *(Chapitre 2)*, la péréquation et l'Outre-mer *(Chapitre 3)* et enfin, les relations entre la péréquation et l'approche territoriale de l'Union européenne *(Chapitre 4)*.

CHAPITRE 1

LA PÉRÉQUATION VERTICALE

La péréquation verticale, de l'État vers les collectivités territoriales, se trouve sectorisée par catégorie de collectivités territoriales. Historiquement, il s'agit de la première forme de péréquation mise en œuvre. Toutefois, compte tenu de la baisse des dotations engagée par l'État, cette logique s'amenuise progressivement, d'où le recours à la péréquation horizontale. Les dispositifs se sont donc considérablement multipliés depuis quelques années. À n'en pas douter, cette tendance s'affirmera davantage au cours des années à venir.

Avant d'envisager les différents mécanismes de péréquation verticale, il convient d'aborder la création d'une logique générale de péréquation verticale au sein des finances locales (*Section 1*), puis de détailler par type de collectivité les mécanismes créés avec, en premier lieu, la péréquation vers les communes et les EPCI (*Section 2*), puis vers les départements (*Section 3*) et enfin vers les régions (*Section 4*).

SECTION 1 – LA CRÉATION D'UNE LOGIQUE GÉNÉRALE DE PÉRÉQUATION

L'ardente nécessité d'une péréquation explique que chaque nouvelle évolution s'inscrive dans une logique de prise en compte des inégalités, peu importe que cela concerne la hausse constante des dotations de péréquation (§ 1) ou la baisse des dotations (§ 2).

§ 1. La hausse constante des dotations de péréquation

La péréquation verticale implique que l'État, par le biais des dotations qu'il attribue aux collectivités territoriales, cherche à renforcer certains territoires. Le discours dominant et officiel rappelle constamment la hausse des dotations dédiées à la péréquation dans un contexte global de diminution des dotations d'État. Cependant, le montant des dotations de péréquation demeure faible par rapport au volume global des dotations.

Comme le rappelle le rapport sur la loi de finances pour 2014[6],

> « pour les communes et les EPCI à fiscalité propre, la hausse de la péréquation s'élève à 109 millions d'euros, répartis entre 60 millions d'euros pour la dotation de solidarité urbaine (DSU), 39 millions d'euros pour la dotation de solidarité rurale (DSR) et 10 millions d'euros pour la dotation nationale de péréquation (DNP), ce qui représenterait une augmentation respective de 4 %, 4 % et de 1,3 % en comparaison avec la loi de finances initiale pour 2013. S'y ajoutent 10 millions d'euros sur les dotations de péréquation départementales (dotation de fonctionnement minimale et dotation de péréquation urbaine) »[7].

6. *Op. cit.*

7. *Jaune budgétaire*. Projet de loi de finances pour 2014, Relations avec les collectivités territoriales.

Cette explication démontre bien que, même dans un contexte de réduction des dotations d'État, les pouvoirs publics cherchent à augmenter les dotations consacrées à la péréquation ainsi que l'a décidé la loi de finances pour 2015.

§ 2. La logique de péréquation lors de la baisse des dotations

L'existence de fortes inégalités financières entre collectivités pousse le législateur à ancrer systématiquement ses relations financières avec les collectivités dans une logique de péréquation.

La baisse des dotations de 1,5 milliard pour l'année 2014 dans le cadre de la loi de finances pour 2014 illustre ce propos. Le calcul de la réduction s'effectue en deux étapes, dans un premier temps, la diminution est définie par type de collectivités, puis entre collectivités. La diminution représente 12 % pour les régions (184 millions d'euros), 32 % pour les départements (476 millions d'euros), 39 % pour les communes (588 millions d'euros) et 17 % pour les intercommunalités (252 millions d'euros).

Dans un deuxième temps, une répartition au sein de chaque type de collectivité est opérée :

– pour les communes, intercommunalités et régions, la minoration s'effectue en fonction des ressources réelles de fonctionnement ; or, sur ce point, certaines collectivités ont des ressources élevées étant donné l'existence de dépenses élevées. Aussi, on peut douter de l'efficacité de ce critère.
– pour les départements, la baisse se calcule sur la base d'un indice reposant pour 30 % sur le taux du foncier bâti et pour 70 % sur le revenu par habitant.

Il en est de même pour le calcul du supplément apporté par l'État pour compenser le reste à charge des départements en matière de prestations sociales. Le montant voté par la loi de finances pour 2014 de 827 millions se calcule à raison de 70 % des charges non compensées et de 30 % sur une logique péréquatrice.

Le projet de loi de finances pour 2015 prévoit une baisse de 3,67 milliards en utilisant la même clef de répartition que celle de 2014 malgré des demandes du Comité des finances locales de fonctionner avec une baisse péréquée.

Document 27

Montant de la baisse des dotations pour 2015

Catégorie de collectivités territoriales	Montant de la baisse
Régions	0,451
Départements	1 148
EPCI	0,621
Communes	1 450

Source : Document créé par l'auteur.

Toutefois, malgré la volonté de limiter les conséquences dommageables de cette diminution pour les collectivités territoriales, on peut s'interroger sur les critères retenus. Si la baisse de l'investissement local est largement sur le devant de la scène[8], le recul de la péréquation est moins pointé du doigt. Cependant, selon certains calculs, les conséquences seront relativement difficiles pour les communes. Ainsi, « pour l'ensemble des villes étudiées, le gain moyen en termes de DSU s'élève en effet à 90 000 euros en 2014, quand la dotation forfaitaire baisse en moyenne de 412 000 euros ! »[9]

8. Sénat, *Rapport d'information relatif à l'évolution des finances locales à l'horizon 2017*, n° 95, 12 novembre 2014, par P. DALLIER, C. GUENE et J. MEZARD.

9. A. PINOTEAU, « Baisse de la dépense publique locale : les collectivités pourront-elles infléchir le tournant de rigueur ? », *RFFP*, 2014 n° 128, p. 177.

Section 2 – La péréquation vers les communes et EPCI

Les réformes constantes des dotations aboutissent à diversifier la DGF qui regroupe, en son sein, de nombreux mécanismes. Malgré tout, il convient de distinguer la péréquation vers les communes (§ 1) de celle vers les EPCI (§ 2).

§ 1. Vers les communes

La DGF se compose d'une part forfaitaire (A) et d'une part péréquation (B).

A. Le contenu de la part forfaitaire

Cette dernière comporte cinq parts : une dotation de base dont le montant est fonction du nombre d'habitants de la commune ; une part proportionnelle à la superficie dont le montant est fonction de la superficie exprimée en hectare de la commune ; une part « compensations » correspondant à l'ancienne compensation « part salaires » de la taxe professionnelle ainsi qu'à la compensation des baisses de DCTP supportées par certaines communes entre 1998 et 2001, incluses depuis 2004 dans la dotation forfaitaire ; un complément de garantie visant à compenser les effets de la réforme de la DGF de 2004/2005. Le détail financier pour 2014 est le suivant :

Document 28

Composantes de la dotation de base (en milliards d'euros)

	2014
Dotation de base	6,812
Dotation superficiaire	0,225
Dotation compensations	1,331
Complément de garantie	4,731
Dotations parcs nationaux	0,004
Contribution au redressement des finances publiques	0,610

Source : Document réalisé par l'auteur.

Si une part importante fondée sur la population semble normale avec la dotation de base, le montant très élevé du « complément de garantie » surprend et finalement nuit à la mise en place d'une véritable logique péréquatrice. Ce complément a été créé lors de la réforme de la dotation forfaitaire en 2004 et 2005, il octroie désormais aux communes un minimum compensant les pertes subies par certaines d'entre elles. Certes, ce complément de garantie est écrêté en fonction de la richesse fiscale pour financer l'évolution des autres parts de la DGF, néanmoins, son caractère élevé pénalise l'accroissement de la péréquation. En outre, la réforme opérée par l'article 107 de la loi de finances pour 2015, en supprimant toutes les catégories au sein de la dotation forfaitaire et évoluant selon la population en fonction d'un montant compris entre 64,46 euros et 128,93 euros, risque de reléguer une nouvelle fois la péréquation au second plan.

B. Les dotations de péréquation au sein de la DGF

Les dotations de péréquation sont au nombre de trois :

– la dotation de solidarité urbaine et de cohésion sociale (DSU) (1) ;
– la dotation de solidarité rurale (DSR) (2) ;
– la dotation nationale de péréquation (DNP) (3).

1. La dotation de solidarité urbaine et de cohésion sociale (DSU) (article L. 2334-15 et s.)

La dotation de solidarité urbaine et de cohésion sociale (DSUCS) créée en 1991 constitue l'une des trois dotations de péréquation réservée par l'État aux communes en difficultés.

Elle a pour objet de

> « contribuer à l'amélioration des conditions de vie dans les communes urbaines confrontées à une insuffisance de ressources et supportant des charges élevées ».

La DSU est une dotation totalement libre d'utilisation pour les collectivités territoriales. Il s'agit par ailleurs d'un prélèvement sur recettes et à cet égard, selon l'avis du Conseil d'État du 3 juillet 2008,

> « la procédure du prélèvement sur recettes ne peut être utilisée que pour transférer aux collectivités territoriales des ressources en vue du financement général de leurs dépenses. Elle doit donc se traduire par des versements ayant un caractère global et automatique »[10].

L'efficacité incertaine de cette dotation constitue une caractéristique presque congénitale tant les réformes ont été nombreuses[11]. Dès l'origine, est revendiquée notamment par le Sénat la prise en compte d'un critère de charges, argument qui accouchera d'une souris, car seul le nombre de logements sociaux est pris en compte[12].

Cette accumulation de réformes depuis sa création en 1991 explique sans doute les critiques récurrentes à son égard et le décalage qui est constaté avec la politique de la ville.

---

10. Cité par réponse parlementaire à la suite de la question écrite n° 5579, 25 septembre 2007, p. 5771 ; réponse publiée au *JO* le 17 janvier 2012 p. 498.

11. Voir notamment, Cour des comptes, *La politique de la ville. Une décennie de réformes*, juin 2012.

12. B. BORDRON, « La dotation globale de fonctionnement », *AJDA* 1991, p. 513.

Comme le relève le rapport Pupponi de 2013,

> « de nombreux exemples montrent que la géographie prioritaire de la politique de la ville et celle des communes bénéficiaires de la DSU ne se superposent pas »[13].

L'éligibilité et la répartition de la DSU reposent sur la distinction entre deux catégories démographiques :

– d'une part, les communes de 10 000 habitants et plus ;

– d'autre part, les communes de 5 000 à 9 999 habitants.

Les communes de 10 000 habitants et plus sont classées par ordre décroissant selon un indice synthétique de charges et de ressources constitué :

– pour 45 %, du rapport entre le potentiel financier moyen par habitant des communes de 10 000 habitants et plus et le potentiel financier par habitant de la commune ;

– pour 15 %, du rapport entre la part des logements sociaux de la commune dans son parc total de logements et la part des logements sociaux dans le parc total de logements des communes de 10 000 habitants et plus ;

– pour 30 %, du rapport entre la proportion par logement de personnes couvertes par des prestations logement dans la commune et la proportion de personnes couvertes par ces mêmes prestations dans les communes de 10 000 habitants et plus ;

– pour 10 %, du rapport entre le revenu moyen des habitants des communes de 10 000 habitants et plus et le revenu moyen des habitants de la commune.

13. Rapport PUPPONI, *Rapport de la mission « Péréquation et politique de la ville »*, juin 2013, p. 8.

La loi du 26 mars 1996[14] étend aux communes de 5 000 à 9 999 habitants l'application de l'indice synthétique, créé par la loi du 31 décembre 1993[15] pour les communes de 10 000 habitants et plus, qui permet de classer l'ensemble des communes urbaines en fonction de leur richesse et de leurs charges.

Il est procédé pour ces communes, comme pour les communes de 10 000 habitants et plus, à la détermination, pour chaque collectivité, d'un indice synthétique de ressources et de charges. Les critères, qui composent cet indice et les pondérations retenues, sont les mêmes que ceux précédemment évoqués pour les communes de 10 000 habitants et plus. Toutefois, les valeurs moyennes utilisées dans le calcul de l'indice sont celles constatées pour l'ensemble des communes de 5 000 à 9 999 habitants.

Est éligible, le premier dixième des communes de 5 000 à 9 999 habitants, classées par ordre décroissant de la valeur de leur indice synthétique.

Une fraction de la DSU, dite « cible », concentre la progression de la DSU d'une année sur l'autre sur un nombre limité de communes. Cette « DSU cible » bénéficie aux 250 premières communes de 10 000 habitants et plus, et aux 30 premières communes de 5 000 à 10 000 habitants.

---

14. Loi n° 96-241 du 26 mars 1996 portant diverses dispositions relatives aux concours de l'État aux collectivités territoriales et aux mécanismes de solidarité financière entre collectivités territoriales, *JO* du 27 mars 1996, p. 4663.

15. Loi n° 93-1436 du 31 décembre 1993 portant réforme de la dotation globale de fonctionnement et modifiant le Code des communes et le Code général des impôts, *JO* du 4 janvier 1994, p. 122.

Document 29

Évolution de la DSU

		2004	2012	2013	2014	Variation 2004/2014
DSU	**Montant**	635	1 370,70	1 490,7	1 550,70	915,7
	Évolution annuelle	-	4,60 %	8,80 %	4,00 %	+144,2 %

Source : Document réalisé par l'auteur.

2. La dotation de solidarité rurale (DSR) (art. L. 2334-20 du CGCT)

La dotation de solidarité rurale procède d'une extension de la dotation de développement rural, créée en 1992, à l'ensemble des communes rurales, sous des conditions d'éligibilité assez souples.

La loi de finances pour 2011[16] modifie l'article L. 2334-20 du CGCT et crée une troisième fraction dite « cible » de la dotation de solidarité rurale, destinée aux 10 000 communes les plus défavorisées parmi celles éligibles à au moins l'une des deux premières fractions de la DSR.

Cette dotation comporte donc une fraction dite « bourgs-centres », une fraction « péréquation » et, depuis 2011, une fraction « cible » :

- la première fraction est destinée aux communes de moins de 10 000 habitants, chefs-lieux de canton ou regroupant au moins 15 % de la population du canton, ainsi qu'à certains chefs-lieux d'arrondissements de 10 000 à 20 000 habitants;

16. Loi n° 2010-1657 du 29 décembre 2010 de finances pour 2011, *JO* du 30 décembre 2010, p. 23033.

– la deuxième fraction est destinée aux communes de moins de 10 000 habitants disposant d'un potentiel financier par habitant inférieur au double du potentiel financier par habitant moyen de leur strate démographique ;

– la troisième fraction est destinée aux 10 000 premières communes de moins de 10 000 habitants les plus défavorisées parmi celles éligibles à l'une des deux premières fractions. Elle est destinée à concentrer l'accroissement de la dotation sur les 10 000 communes rurales les plus fragiles.

L'utilisation de la notion de chefs-lieux de canton peut, à certains égards, sembler désuète, car la modification par décret du nombre de cantons entraîne certaines conséquences financières sur ce point, qui ne peuvent être guère contestées devant le juge administratif[17]. La loi de finances pour 2015 cherche à neutraliser partiellement cet effet en instaurant un système de garantie[18].

3. La dotation nationale de péréquation (DNP) (art. L. 2334-14-1 du CGCT)

Créée en 2004, la DNP constitue l'une des trois dotations de péréquation communale. Elle a pour principal objet d'assurer la péréquation de la richesse fiscale entre les communes. Elle résulte de l'intégration du fonds national de péréquation dans la DGF en 2004. Ce précédent fonds a été créé pour égaliser les différences de taxe professionnelle.

La DNP comprend deux parts. La première dite « principale » vise à corriger les insuffisances de potentiel financier. La deuxième, quant à elle, est destinée plus spécifiquement à la réduction des écarts de potentiel fiscal.

17. CE, 3 novembre 2014, req. n° 377431, *AJDA*, 2014, p. 2214.
18. Article 107 de la loi *de finances pour 2015*, *op. cit.*

Sont éligibles les communes qui satisfont cumulativement aux deux conditions suivantes :

- avoir un potentiel financier par habitant supérieur de 5 % au plus à la moyenne du groupe démographique correspondant ;
- avoir un effort fiscal supérieur à la moyenne du groupe démographique correspondant.

Les communes de plus de 10 000 habitants, qui répondent aux deux conditions ci-dessous, peuvent également bénéficier de dotations particulières :

- avoir un potentiel financier par habitant inférieur ou égal à 85 % du potentiel financier du groupe démographique correspondant ;
- avoir un effort fiscal supérieur à 85 % de la moyenne du groupe démographique correspondant.

Sont également éligibles les communes répondant à l'une des conditions suivantes :

- avoir un potentiel financier par habitant supérieur de 5 % au plus à la moyenne du groupe démographique correspondant et un taux de cotisation foncière des entreprises égal, en 2011, au taux plafond à savoir 50,84 %. Ces communes bénéficient d'une attribution à taux plein ;
- avoir un potentiel financier par habitant supérieur au plus de 5 % à la moyenne du groupe démographique correspondant et un effort fiscal compris entre l'effort fiscal moyen des communes du même groupe démographique et 85 % de cet effort fiscal moyen. Ainsi, l'assouplissement des conditions de droit commun ne concerne

que la condition liée à l'effort fiscal. La condition relative au potentiel financier reste impérative. Dans cette seconde hypothèse dérogatoire, les communes éligibles à titre dérogatoire perçoivent une attribution réduite de moitié.

C. Les subventions de fonctionnement sans affectation spéciale (art. L. 2335-2 du CGCT)

La péréquation verticale revêt une forme totalement discrétionnaire avec cet article L. 2335-2 du CGCT selon lequel

> « des subventions exceptionnelles peuvent être attribuées par arrêté ministériel à des communes dans lesquelles des circonstances anormales entraînent des difficultés financières particulières ».

Le Conseil d'État a par ailleurs précisé que cette disposition n'était pas applicable aux départements[19].

L'instruction du 18 avril 2014 précise que le budget doit être adopté en déséquilibre et la chambre régionale des comptes doit s'être prononcée. Toutefois, l'accord concernant cette subvention n'est pas un dû pour une collectivité en situation de déséquilibre[20].

Notons également que le législateur ne s'interdit pas de créer de façon épisodique des fonds de solidarité en fonction des évolutions de certaines politiques publiques.

Ainsi, la loi, avec l'article L. 2335-2-1 du CGCT, instaure un fonds de soutien aux communes touchées par le redéploiement territorial des armées. Cette répartition des crédits du fonds tient compte de

19. CE, 27 octobre 2008, *Département de Haute-Corse*, req. nº 292396.

20. Instruction relative au recensement des communes connaissant des difficultés financières particulières justifiant l'attribution d'une subvention exceptionnelle au titre de l'année 2014, 18 avril 2014, nor INTB1409328N.

l'évolution des ressources des communes concernées par le plan de redéploiement territorial des armées. Elle fixe par arrêté conjoint du ministre de l'Intérieur et du ministre chargé du budget.

L'efficacité du système des dotations au sein de la DGF mérite pourtant d'être relativisée. Comme l'explique l'IGF, il n'est pas normal que la dotation forfaitaire, alors que cela n'est pas sa finalité première, produise des effets plus péréquateurs que les dotations dites de péréquation, notamment la dotation de solidarité rurale et la dotation nationale de péréquation[21].

§ 2. *La péréquation verticale vers les EPCI*

La principale dotation versée par l'État aux EPCI est la dotation d'intercommunalité, créée en 1985[22]. Cette part de la DGF subit de nombreuses réformes, avec comme ligne directrice la prise en compte d'une logique d'intégration financière.

La volonté de l'État de doter tout le territoire français d'EPCI à fiscalité propre intégré aboutit à la mise en place d'une intégration reposant davantage sur un effet incitatif plutôt que sur la recherche d'une péréquation accrue pertinente entre communes.

Cette logique utilise notamment un coefficient, qui mesure l'intégration fiscale (CIF)[23]. Il calcule le poids de la fiscalité du groupement servant à l'exercice effectif des compétences de l'EPCI, par rapport à la masse de fiscalité générée sur l'ensemble de son périmètre d'action. L'EPCI, en fonction de sa nature, de son périmètre, de ses compé-

21. IGF, *Enjeux et réformes de la péréquation financière des collectivités territoriales*, juin 2013.

22. Loi du 29 novembre 1985, préc.

23. La loi du 12 juillet 1999 a généralisé l'utilisation du CIF à toutes les catégories d'EPCI à l'exception des syndicats d'agglomération nouvelle (SAN).

tences et de ses choix fiscaux, cherche ainsi à majorer sa DGF. La fiscalité prise en compte est, par ailleurs, entendue largement, ainsi que l'illustre le tableau ci-dessous selon la catégorie d'EPCI :

Document 30

Tableau de la fiscalité prise en compte pour le calcul du CIF

	Communauté de communes à fiscalité additionnelle	**Communauté de communes à fiscalité unique**	**Communauté d'agglomération**	**Communautés urbaines/ Métropoles**	**Syndicat d'agglomération nouvelle**
Taxe sur le foncier bâti	X	X	X	X	X
Taxe sur le foncier non bâti	X	X	X	X	X
Taxe d'habitation	X	X	X	X	X
CFE	X	X	X	X	X
TEOM	X	X	X	X	X
REOM	X	X	X	X	X
TAFNB	X	X	X	X	X
CVAE	X	X	X	X	X
IFER	X	X	X	X	X
TASCOM	X	X	X	X	X
FNGIR	X	X	X	X	X
Redevance assainissement	X	X	X	X	X
DCRTP	X	X	X	X	X
Compensation ZRU ZFU ZFC DOM et statut fiscal Corse		X	X	X	X

Source : DGCL, *Note d'information du 26 mai 2014 relative à la dotation d'intercommunalité des établissements publics de coopération intercommunale à fiscalité propre pour l'exercice 2014.*

Le CIF est défini comme l'indicateur clef dans la logique d'optimisation financière. Il est égal au rapport entre :

– les recettes de l'EPCI précisées dans le tableau précédent minorées (sauf les communautés de communes à fiscalité additionnelle et les communautés urbaines à fiscalité additionnelle) des dépenses de transfert ;
– les mêmes recettes perçues par les communes regroupées et l'ensemble des établissements publics de coopération intercommunale sur le territoire de celles-ci (c'est-à-dire syndicats intercommunaux inclus).

Le CIF est utilisé dans le calcul de la DGF des EPCI, qui se compose de deux éléments : la dotation de compensation (article L. 5211-28-1 du CGCT) et la dotation d'intercommunalité (articles L. 5211-29 et L. 5211-30 du CGCT), qui se subdivise elle-même en deux parts :

– 30 % au profit de la dotation de base qui varie selon la population ;
– 70 % au profit de la dotation de péréquation répartie en fonction de l'écart relatif de potentiel fiscal, de la population et du CIF du groupement.

Le CIF apparaît à tous les niveaux de calcul des dotations versées aux EPCI :

Document 31

Utilisation du coefficient d'intégration fiscale

Dotation de base	Population DGF
	Coefficient d'intégration fiscale
Dotation de péréquation	Population DGF
	Coefficient d'intégration fiscale
	Potentiel fiscal
Dotation de garantie	

Source : Document réalisé par l'auteur.

Les dotations par habitant des différentes catégories d'EPCI sont les suivantes pour 2014 : DGF des communautés de communes à fiscalité additionnelle : 20,05 €/hab. ; DGF des communautés de communes à TPU simple : 24,48 €/hab. ; DGF des communautés de communes à TPU et à DGF bonifiée : 34,06 €/hab. ; DGF des communautés d'agglomération : 42,38 €/hab. ; DGF des syndicats d'agglomération nouvelle : 48,42 €/hab. ; communautés urbaines et métropoles : 60 €/hab.

Ainsi, le choix d'une structure davantage intégrée entraîne une majoration de la DGF. La péréquation financière verticale apparaît donc comme le parent pauvre des dotations versées par l'État aux EPCI.

L'affirmation de l'échelon intercommunal dans la gestion de la péréquation constitue une évolution indéniable. Toutefois, les montants financiers gérés par l'EPCI sont insuffisants et la fiscalité locale demeure encore trop dépendante des communes.

Document 32

La fiscalité du secteur communal en 2013 (en Mds d'euros)

	Taxes « ménages »	Fiscalité économique	Total
Communes	29,8	2,7	32,5
EPCI	7,4	9,7	17,1
Total	37,2	12,4	49,6

Source : Cour des comptes, *Les finances publiques locales*, 2014, p. 124.

Inévitablement se pose la question du transfert de l'ensemble de la fiscalité à l'EPCI et de la mise en place d'une DGF territoriale, c'est-à-dire une perception de la DGF dans un premier temps seulement par l'EPCI, à charge pour lui de le répartir dans un second temps entre les communes. Régulièrement abordée dans les rapports publics, cette évolution semble, pour l'instant, incertaine.

SECTION 3 – LA PÉRÉQUATION VERTICALE VERS LES DÉPARTEMENTS

La situation financière des départements s'avère difficile en raison du coût des compétences transférées, mais également de la nature de ses ressources. Aussi, de nombreux mécanismes sont créés.

La participation financière de l'État aux finances départementales relève, à l'heure actuelle, principalement de la DGF réformée en 2004 et 2005 (§ 1). En complément de la DGF versée aux départements, l'État compense financièrement les transferts de compétences en tenant compte également des inégalités financières entre départements (§ 2). Dernièrement, la loi de finances pour 2014 a créé un dispositif de compensation péréquée pour répartir une part supplémentaire de taxe foncière sur les propriétés bâties (§ 3)

§ 1. La péréquation par la DGF

La DGF des départements se compose de quatre éléments :

- une dotation de compensation compensant la suppression des contingents communaux d'aide sociale (CCAS) et 95 % de la dotation générale de décentralisation (DGD) ;
- une dotation forfaitaire, elle-même constituée de deux composantes :
  - une dotation de base calculée en fonction de la population,
  - un complément de garantie ;
- une dotation de péréquation urbaine (DPU) pour les départements urbains ;
- une dotation de fonctionnement minimale (DFM) pour les départements non urbains.

Pour mieux comprendre cette architecture, il convient d'étudier la distinction dotation de fonctionnement/dotation de péréquation urbaine (A), puis les critères relatifs à la péréquation urbaine (B), et enfin, ceux concernant la dotation de fonctionnement minimal (C).

A. La distinction dotation de fonctionnement minimal (DFM)/dotation de péréquation urbaine (DPU)

Sont considérés comme départements urbains et donc susceptibles de bénéficier de la DPU, les départements dont la densité de population est supérieure à 100 habitants au km² et dont le taux d'urbanisation (nombre de communes comprises dans une unité urbaine au sens de l'INSEE) est supérieur à 65 %, ces deux conditions étant cumulatives.

Sont considérés comme « non urbains », et donc potentiellement éligibles à la DFM, les départements ne répondant pas à ces deux conditions.

La dotation de péréquation urbaine (DPU) est versée aux départements urbains dont le potentiel financier par habitant est inférieur à 1,5 fois le potentiel financier par habitant moyen des départements, et dont le revenu par habitant est inférieur à 1,4 fois le revenu par habitant moyen des départements.

La dotation de fonctionnement minimale est versée aux départements « non urbains » dont le potentiel financier par habitant est inférieur ou égal au double du potentiel financier par habitant moyen de l'ensemble des départements « non urbains ». Elle est répartie en fonction de la longueur de voirie, du potentiel financier par habitant et du potentiel financier ramené à la superficie.

L'augmentation annuelle du solde de la dotation globale de fonctionnement (DGF) des départements, disponible après prélèvement de la dotation de compensation et de la dotation forfaitaire, est librement répartie par le comité des finances locales entre la DPU et la DFM. La loi de finances pour 2008[24] institue un mécanisme d'accompagnement des changements éventuels de catégories de départements, permettant de transférer les crédits d'une dotation à l'autre entre la DPU et la DFM.

24. Loi n° 2007-1822 du 24 décembre 2007 de finances pour 2008, *JO* du 27 décembre 2007, p. 21211.

B. La répartition de la DPU

Il est calculé pour chaque département un indice synthétique de ressources et de charges des départements urbains éligibles en tenant compte :

1° Du rapport entre le potentiel financier par habitant de l'ensemble des départements urbains et le potentiel financier par habitant du département, tel que défini à l'article L. 3334-6 du CGCT ;

2° Du rapport entre la proportion du total des bénéficiaires d'aides au logement dans le nombre total de logements du département et cette même proportion constatée dans l'ensemble des départements urbains ;

3° Du rapport entre la proportion du total des bénéficiaires du montant forfaitaire dans le département et cette même proportion constatée dans l'ensemble des départements urbains ;

4° Du rapport entre le revenu moyen par habitant de l'ensemble des départements urbains et le revenu par habitant du département. Le revenu pris en considération est le dernier revenu imposable connu.

Les départements sont, à cet égard, classés en fonction de la valeur décroissante de leur indice synthétique, selon des modalités définies par décret en Conseil d'État et tenant compte des montants visés aux 1°, 2°, 3° et 4°. L'attribution revenant à chaque département urbain éligible est déterminée en fonction de sa population et de son indice synthétique.

C. La répartition de la dotation de fonctionnement minimal (DFM)

Un décret en Conseil d'État fixe les modalités de répartition de la dotation entre les départements en tenant compte, notamment, de leur potentiel financier et de la longueur de leur voirie.

Pour 2005, les départements éligibles ne peuvent percevoir une dotation de fonctionnement minimale inférieure à 106 % ou supérieure à 130 % au montant perçu l'année précédente.

§ 2. Le financement des transferts de compétences fondé en partie sur une logique péréquatrice

Le financement des transferts de compétences, opérés depuis le début des années 2000, s'effectue par le biais de différents procédés avec soit des dotations, soit de la fiscalité transférée. Les départements sont les collectivités les plus impactées avec le transfert de nombreuses compétences, notamment dans le domaine social. Malgré tout, le mode de financement diffère profondément entre d'un côté l'APA et la PCH (A) et de l'autre le RSA (B).

A. Le financement de l'APA et de la PCH

Le financement de ces deux compétences transférées par l'État s'effectue par le biais de la Caisse nationale de solidarité pour l'autonomie (CNSA) (1). La difficulté réside dans l'existence de dépenses différentes selon les départements impliquant la prise en compte des inégalités (2).

1. La Caisse nationale de solidarité pour l'autonomie (CNSA)

Créée par la loi du 30 juin 2004[25], la Caisse nationale de solidarité pour l'autonomie (CNSA) est un établissement public qui a pour mission, dans la limite des ressources qui lui sont affectées, de contribuer au financement de la prise en charge de la perte d'autonomie

25. Loi n° 2004-626 du 30 juin 2004 relative à la solidarité pour l'autonomie des personnes âgées et des personnes handicapées, *JO* du 1er juillet 2004, p. 11944.

des personnes âgées et des personnes handicapées dans le respect de l'égalité de traitement des personnes concernées sur l'ensemble du territoire.

Le financement de la CNSA s'effectue de façon éparse avec comme recettes prévisionnelles pour 2014 :

- 17,6 milliards d'euros provenant de l'assurance maladie;
- 3,8 milliards d'euros provenant de ressources propres se décomposant entre :
  - 2,5 milliards d'euros issus de la contribution solidarité autonomie,
  - 0,7 milliard d'euros issus de la CSG,
  - 0,6 milliard d'euros issus de la contribution additionnelle pour l'autonomie[26].

Le Code de l'action sociale et des familles (CASF) s'avère clair sur les obligations de la CNSA en termes d'égalité. Aux termes de l'article L. 14-10-1,

> « la Caisse nationale de solidarité pour l'autonomie a pour missions : 2° d'assurer la répartition équitable sur le territoire national du montant total de dépenses mentionné à l'article L. 314-3, en veillant notamment à une prise en compte de l'ensemble des besoins, pour toutes les catégories de handicaps ».

2. Des dépenses inégalitaires selon les départements

L'exercice des compétences par des collectivités infra-étatiques crée par nature des inégalités. Toutefois, celles-ci se révèlent importantes concernant le domaine social et posent sérieusement la question de l'utilisation du principe d'égalité pour limiter ces dernières ou du moins pour aider les départements à les financer. Comme le rappelle le Conseil constitutionnel, à plusieurs reprises, les dépenses d'APA,

26. Article L. 14-10-6 du casf.

de PCH et de RSA constituent des dépenses de solidarité nationale[27]. Ce faisant, un financement égalitaire sur le territoire devrait s'imposer pour ces compétences. Or, la réalité est bien différente.

Comme le démontre le rapport Jamet de 2010 remis au Premier ministre,

> « le taux de prise en charge par la CNSA varie de 7 % à 50 % selon les départements ; les modalités de calcul mélangent compensation et péréquation, la lisibilité et donc la compréhension s'estompe avec le temps »[28].

Dès lors, inévitablement, la mise en œuvre de ces compétences sur le plan local se traduit par de profondes différentes. Selon la Cour des comptes, le montant varie entre 432 euros dans le département de la Drôme et 533 euros dans le Territoire de Belfort en 2006, pour une moyenne nationale de 490 euros par mois. Toujours en termes de comparaison, la part restante à la charge des bénéficiaires en GIR 1 (groupes iso-ressources) dans le Territoire de Belfort est de 88 euros par mois, de 149 euros dans le Calvados et de 156 euros en moyenne sur le plan national[29]. Aussi, la recherche d'une prise en compte de ces inégalités s'impose au législateur.

Les différentes lois votées cherchent à intégrer ces inégalités. Les modalités de versement du concours APA par la CNSA aux départements permettent d'appliquer une péréquation entre les départements dans l'allocation de la ressource, compte tenu des critères de répartition retenus :

– pour 50 %, le nombre de personnes âgées de plus de 75 ans ;

27. Voir notamment les décisions Cons. const., décision n° 96-387 DC du 21 janvier 1997, *Loi tendant, dans l'attente du vote de la loi instituant une prestation d'autonomie pour les personnes âgées dépendantes, à mieux répondre aux besoins des personnes âgées par l'institution d'une prestation spécifique dépendance*, *Rec.*, p. 23 et Cons. const., décision n° 487 DC du 18 décembre 2003, *op. cit.*

28. *Rapport à Monsieur le Premier Ministre sur les finances départementales*, P. Jamet, 20 avril 2010.

29. Cour des comptes, *Rapport annuel 2009*, p. 274 et s.

– pour 20 %, les dépenses d'APA ;
– pour 25 %, le potentiel fiscal ;
– pour 5 %, le nombre de bénéficiaires du RSA[30].

Ces dispositions prévoient, de plus, une clause de garantie selon laquelle les dépenses nettes d'APA de chaque département, après répartition entre eux des crédits du concours, ne peuvent être supérieures à 30 % du potentiel fiscal de chaque département.

Un mécanisme similaire est prévu en ce qui concerne le financement de la prestation de compensation du handicap (PCH). Les modalités de versement de ces concours présentent également un certain effet de péréquation, avec la prise en compte notamment du potentiel fiscal[31].

Toutefois, des interrogations apparaissent sur la nécessité de réformer ces critères.

La pondération des critères de péréquation proposée par le conseil de la CNSA, à la suite des travaux menés avec la direction générale des collectivités locales et l'Association des Départements de France (ADF), sont les suivants :

– nombre de personnes âgées de plus de 75 ans, 40 % ;
– dépense d'allocation personnalisée d'autonomie, 60 % ;
– potentiel fiscal, 30 % ;
– nombre de bénéficiaires de l'allocation du revenu minimum d'insertion, 0 %.

Le débat reste, à l'heure actuelle, ouvert sur ce point.

30. Article L. 14-10-4 du casf.
31. Article L. 14-10-7 du casf. Voir également, IGF, *Évaluation de la prestation de compensation du handicap (PCH)*, août 2011.

B. Le financement du RSA

Pour le financement du RSA, l'État transfère principalement de la taxe intérieure de consommation sur les produits énergétiques (TICPE), ancienne taxe intérieure sur les produits pétroliers (TIPP). Le montant de la compensation est arrêté sur la dernière année avant transfert, soit 2003. Depuis cette date, les dépenses ne cessent d'augmenter contrairement à la compensation, qui elle se maintient à son niveau de 2004. Pour compenser une partie du manque à gagner pour les départements, l'État institue le Fonds de mobilisation départementale pour l'insertion (FMDI), qui tient partiellement compte d'une logique péréquatrice, car tous les départements ne sont pas concernés à la même hauteur.

Ce fonds se compose de trois parts, qui sont les suivantes :

- une première part au titre de la compensation, qui a pour objet de tenir compte de l'écart entre la compensation établie conformément aux règles constitutionnelles et la dépense réglée par les départements.
- une deuxième part au titre de la péréquation : cette dernière est répartie en prenant en compte les critères de ressources et de charges des départements métropolitains, tels que le potentiel financier et le nombre d'allocataires du RSA, rapporté au nombre d'habitants ; elle comprend, en outre, une quote-part Outre-mer.
- une troisième part au titre de l'insertion : elle vise à soutenir les départements qui se sont investis pour accompagner les bénéficiaires du RSA.

§ 3. Le dispositif de compensation péréquée

L'article 42 de la loi de finances pour 2014 affecte aux départements les produits nets de la taxe foncière sur les propriétés bâties. Deux parts sont prévues, une au titre de la compensation et une autre au titre de la péréquation. Cette dernière prend en compte les critères de ressources et de charges, le revenu et le nombre d'allocataires du RSA, de l'APA, de la PCH et de l'allocation compensatrice pour tierce personne (ACTP-PH).

SECTION 4 – LA PÉRÉQUATION VERTICALE VERS LES RÉGIONS

Depuis 1993 est créé un Fonds de correction des déséquilibres régionaux alimenté par un prélèvement sur les recettes de certaines régions, dont bénéficient les régions les moins favorisées. Cette dotation de l'État vers l'échelon régional est la seule dont l'objet est de favoriser la péréquation. En revanche, jusqu'en 2004, les régions ne bénéficiaient pas de DGF.

Le prélèvement est assis sur le montant total des dépenses des régions dont le potentiel fiscal direct par habitant est supérieur au potentiel fiscal moyen correspondant, et dont le taux de chômage pour la même année est inférieur à la moyenne nationale. Ce dispositif était cohérent à la lumière du graphique ci-dessous :

Document 33

PIB 2002 par habitant en fonction des régions

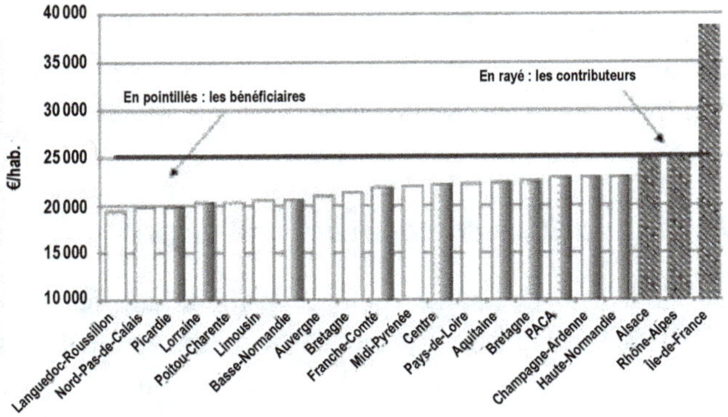

Source : Sénat, Rapport intitulé *La péréquation interrégionale : vers une nouvelle égalité territoriale*, rendu par J.-F. PONCET et C. BELOT, 2004.

Malgré tout, au fur et à mesure de la décentralisation de compétences de l'État vers les régions, des inégalités sont apparues tant en matière de ressources que de dépenses. Un rapport de 2004 du Sénat, intitulé *La péréquation interrégionale : vers une nouvelle égalité territoriale*, rendu par J.-F. Poncet et C. Belot, a parfaitement pointé ces inégalités.

Aussi, la loi de finances pour 2004 instaure une DGF régionale dont l'architecture repose sur celle des autres niveaux de collectivités. Cette loi a, en effet, mis en place une dotation forfaitaire (article L. 4332-7 du CGCT) en y regroupant certaines compensations fiscales (suppression de la compensation « part salaires » des bases de taxe professionnelle, ainsi que des parts régionales de droits de mutation à titre onéreux et de taxe d'habitation) et 95 % de la dotation générale de décentralisation.

Pour les trois régions (Île-de-France, Alsace et Rhône-Alpes) qui contribuaient au Fonds de correction des déséquilibres régionaux (FCDR), le montant ainsi calculé est diminué du montant de leur contribution 2003[32].

Une autre part, la dotation de péréquation, est également constituée à partir de l'ancien Fonds de correction des déséquilibres régionaux (FCDR).

Les règles de la dotation forfaitaire et de la dotation de péréquation sont modifiées depuis la loi de finances pour 2005[33] avec la mise en place d'une garantie de sortie pour les régions perdant le bénéfice de l'éligibilité à la péréquation régionale. La loi de finances pour 2008[34]

32. Voir chapitre relatif à la péréquation verticale p. 173.
33. *Op. cit.*
34. *Op. cit.*

adapte le potentiel fiscal, puis a été prise en compte la suppression de la taxe professionnelle. Enfin les critères d'éligibilité sont refondus, alors que l'évolution de la dotation a été gelée en 2011 et 2012[35].

À compter de 2013, un nouvel indicateur a été créé, l'indicateur de ressources fiscales par habitant (IRFR) destiné à mieux

> « prendre en compte le nouveau panier de ressources fiscales des régions tel qu'il résulte de la réforme de la taxe professionnelle, tout en atténuant ses effets sur le "classement" des régions grâce à un resserrement sur les ressources fiscales dont les bases sont évolutives »[36].

Les régions bénéficiaires sont les régions métropolitaines dont l'indicateur de ressources fiscales par habitant (IRFR) est inférieur à l'indicateur de ressources fiscales moyen par habitant de l'ensemble des régions et dont le produit intérieur brut par habitant est inférieur à 1,3 fois le produit intérieur brut moyen par habitant de l'ensemble des régions. Les régions d'Outre-mer sont éligibles de droit à la dotation de péréquation des régions.

La répartition s'opère pour moitié, proportionnellement à l'écart relatif à l'IRFR moyen par habitant et à la population, et pour l'autre moitié, proportionnellement au rapport entre l'IRFR moyen par kilomètre carré de l'ensemble des régions et l'IRFR par kilomètre carré de chaque région considérée. Un système de garanties est néanmoins mis en place afin de lisser les effets de la réforme.

Bénéficient d'une dotation de péréquation :

a) les régions métropolitaines et la collectivité territoriale de Corse dont l'indicateur de ressources fiscales par habitant est inférieur à l'indicateur de ressources fiscales moyen par habitant de l'ensemble des régions métropolitaines et de la collectivité

35. Sénat, *Pour une péréquation régionale plus juste*, 15 juillet 2009, Rapport d'information nº 556 (2008-2009) de P. JARLIER.

36. Sénat, Projet de loi de finances pour 2012 : articles de la deuxième partie. Rapport nº 107, tome III (2011-2012), annexe 23.

territoriale de Corse et dont le produit intérieur brut par habitant est inférieur à 1,3 fois le produit intérieur brut moyen par habitant de l'ensemble des régions métropolitaines et de la collectivité territoriale de Corse ;

b) et les régions d'Outre-mer. Le montant total de la dotation de péréquation est égal à la différence entre l'ensemble des ressources affectées à la dotation globale de fonctionnement des régions et la dotation forfaitaire prévue à l'article L. 4332-7 du CGCT. Dans les conditions prévues par cet article, le comité des finances locales peut majorer les montants consacrés à l'augmentation de la dotation de péréquation d'un montant ne pouvant excéder 5 % des ressources affectées à cette dotation l'année précédente.

Les régions d'Outre-mer bénéficient également d'une quote-part de la dotation de péréquation dans les conditions définies à l'article L. 4434-9 du CGCT.

La dotation de péréquation des régions métropolitaines est répartie :

1° Pour moitié, proportionnellement à l'écart relatif entre l'indicateur de ressources fiscales moyen par habitant de l'ensemble des régions métropolitaines et de la collectivité territoriale de Corse et l'indicateur de ressources fiscales par habitant de chaque collectivité, pondéré par sa population ;

2° Pour moitié, proportionnellement au rapport entre l'indicateur de ressources fiscales moyen par kilomètre carré de l'ensemble des régions métropolitaines et de la collectivité territoriale de Corse et l'indicateur de ressources fiscales par kilomètre carré de chaque collectivité bénéficiaire.

CHAPITRE 2

LA PÉRÉQUATION HORIZONTALE

La péréquation horizontale, c'est-à-dire, avec des ressources provenant de collectivités territoriales vers d'autres collectivités, constitue une évolution récente. Diverses raisons expliquent ce mouvement.

Pendant de nombreuses années, la prééminence du principe de libre administration a limité toute péréquation horizontale, qui par définition lui portait atteinte. Il suffit pour s'en convaincre de se rappeler la formulation du Conseil constitutionnel en 1991 :

> « Le prélèvement sur les ressources fiscales d'une collectivité territoriale dans le but d'accroître les ressources d'autres collectivités territoriales doit être défini avec précision quant à son objet et sa portée et qu'il ne saurait avoir pour conséquence d'entraver la libre administration des collectivités territoriales concernées[37]. »

Cependant, une évolution se trouve engagée avec d'une part, la réforme fiscale de 2010 qui accentue considérablement les inégalités financières entre collectivités et d'autre part, avec la stagnation et désormais la baisse des dotations, qui réduit toute réelle possibilité de péréquation verticale. Par ailleurs, l'Inspection générale des finances prône l'accentuation de cette politique[38].

37. Cons. const., décision n° 91-291 DC du 6 mai 1991, *op. cit.*
38. Rapport préc., 2010.

Ce mouvement affecte en outre toutes les strates de collectivités. Toutefois, sa mise en œuvre s'effectue de façon diffuse et chaque loi de finances donne lieu à de nouvelles retouches.

La péréquation comporte des mécanismes différents suivant qu'ils interviennent sur le plan local (*Section 1*), entre départements (*Section 2*) ou entre régions (*Section 3*). En outre, les subventions entre collectivités territoriales constituent une autre forme de solidarité *(Section 4)*.

SECTION 1 – SUR LE PLAN LOCAL (ENTRE COMMUNES ET EPCI)

Plusieurs mécanismes sont créés faisant intervenir différentes collectivités territoriales. Ces mécanismes s'entrecroisent sans que leur efficacité cumulative ne soit réellement évaluée. Aussi, plusieurs thèses s'affrontent sur l'efficacité de l'intercommunalité en termes de péréquation. À titre d'exemple, selon une étude de l'Association des Communautés Urbaines de France,

> « la solidarité financière s'exerce le plus fortement par les dépenses communautaires, d'investissement et de fonctionnement : c'est le levier jugé le plus efficace en termes d'effets redistributifs »[39].

Si cette position peut être entendue, la péréquation en termes de ressources demeure perfectible, même si l'EPCI intervient de façon croissante pour lutter contre les inégalités entre les communes en son sein (§ 1). En outre, le département participe également à la mise en place de certains dispositifs (§ 2). Enfin, il convient de s'arrêter sur les mécanismes spécifiques créés en Île-de-France (§ 3).

39. ACUF, *Solidarité et communautés urbaines – État des lieux et prospective*, 2013, C. POLERE, C. PANASSIER.

§ 1. La péréquation par l'EPCI

La finalité de l'intercommunalité et plus précisément de l'EPCI à fiscalité propre n'est pas clairement définie. L'article L. 5210-1 du CGCT énonce ce dilemme qui irrigue continuellement la péréquation, entre la liberté, ici des communes et la solidarité par le biais de l'EPCI, qui aurait pour mission de redistribuer entre ses communes membres. Un contraste saisissant se manifeste à propos des EPCI, car d'un côté, celui-ci apparaît sur la scène nationale, et d'un autre côté, la solidarité qu'il met en œuvre entre ses communes membres semble limitée.

L'EPCI s'affirme donc comme l'échelon pertinent sur le plan national pour mesurer les inégalités, mais également pour créer des dispositifs de péréquation horizontale. L'échelon communal apparaît comme étant trop étroit pour effectuer des comparaisons entre communes.

L'échelon intercommunal devrait même devenir le seul niveau de péréquation et de mesure des inégalités, au détriment des communes. Cet ajustement inévitable implique l'affirmation de deux évolutions, déjà amorcées :

- d'une part, l'EPCI doit devenir la structure de péréquation horizontale, mais également verticale, de l'État aux entités locales ;
- d'autre part, l'EPCI doit s'affirmer comme une structure de solidarité par rapport à ses communes membres, impliquant qu'il possède toutes les ressources locales (fiscalité + dotations), puis qu'il les redistribue sur la base de certains critères définis par le législateur, mais également en fonction d'indicateurs librement fixés par lui.

Cette péréquation se manifeste à deux reprises au niveau de la dotation de solidarité communautaire (DSC) (A) et au niveau de la mise en place du FPIC (B). Les fonds de concours entre EPCI et communes participent également à la péréquation (C).

A. La dotation de solidarité communautaire (DSC)

Créée par la loi du 6 février 1992 relative à l'administration territoriale de la République (dite loi « ATR » ou « loi Joxe »), la vocation péréquatrice de la DSC est affirmée par l'article 185 de la loi du 13 août 2004 relative aux libertés et responsabilités locales. L'actuel article 1609 *nonies* C VI du CGI distingue les modalités de mise en place de la DSC selon les types d'EPCI.

Pour les communautés urbaines à fiscalité professionnelle unique, l'instauration d'une DSC est obligatoire, mais son montant n'est pas fixé par la loi. Le conseil communautaire statue à la majorité simple pour fixer le montant et les critères de répartition de cette dotation. Ces critères sont déterminés, notamment en fonction :

- de l'écart du revenu par habitant de la commune au revenu moyen par habitant de l'EPCI ;
- de l'insuffisance de potentiel fiscal ou financier par habitant de la commune au regard du potentiel fiscal ou financier communal moyen par habitant sur le territoire de l'EPCI.

La communauté détermine librement la pondération des critères dans la répartition de sa DSC, mais les critères législatifs doivent être utilisés en priorité, c'est-à-dire pour une part non marginale de l'enveloppe de cette dotation. Des critères complémentaires, et en particulier des critères de charges des communes ou des critères sociaux – par exemple le nombre de logements sociaux – peuvent, par ailleurs, être définis librement par les EPCI pour la répartition.

Pour toutes les communautés d'agglomération et les communautés de communes à fiscalité professionnelle unique, la création d'une DSC n'est que facultative. Le conseil de l'EPCI statue à la majorité des 2/3 pour en déterminer le montant et les critères de répartition.

La loi du 13 août 2004[40] modifie ces critères, le conseil communautaire doit désormais tenir compte prioritairement :

– de l'importance de la population ;

– du potentiel fiscal ou financier par habitant.

Pour les communautés urbaines qui n'ont pas encore opté pour le régime de fiscalité professionnelle unique – c'est-à-dire, au printemps 2013, Le Mans et Cherbourg –, la base juridique de la DSC – ou « dotation de solidarité » – est la même que pour les EPCI à fiscalité additionnelle. Son montant est fixé, par le conseil communautaire, par référence à un certain pourcentage de l'ensemble des produits des impositions directes locales perçus par la CU. Les critères de répartition sont notamment déterminés en fonction des deux mêmes critères que ceux des communautés urbaines à FPU. Des critères complémentaires peuvent être choisis par le conseil.

Comme le relève le rapport Pupponi,

> « le caractère facultatif de la mise en place de la DSC pour les CA ou les CC a une incidence marquée. Ainsi sur l'ensemble de la France, seulement 25 % des CC à FPU[41] et 68 % des CA[42] l'ont instaurée »[43].

Le tableau ci-dessous, extrait du rapport Pupponi, illustre l'emploi de ces critères :

40. *Op. cit.*

41. Communauté de communes à fiscalité professionnelle unique.

42. Communauté d'agglomération.

43. Rapport PUPPONI, *préc.*

Document 34

Critères de répartition de la DSC

<table>
<tr><th></th><th>CC à FA</th><th>CC à FA</th><th>CC à FPU</th><th>CA</th><th>CC à FPU</th></tr>
<tr><td>Principe</td><td>dotation de solidarité facultative</td><td>dotation de solidarité obligatoire</td><td>DSC obligatoire</td><td colspan="2">DSC facultative</td></tr>
<tr><td>Base juridique</td><td colspan="2">article 11 III de la loi du 10 janvier 1980</td><td colspan="3">article 1609 nonies C VI du CGI</td></tr>
<tr><td>Mode de décision du conseil communautaire</td><td colspan="2">dans les statuts de l'EPCI</td><td>Majorité simple</td><td colspan="2">Majorité des 2/3</td></tr>
<tr><td>extension territoriale possible</td><td colspan="5">Peut bénéficier aux EPCI à fiscalité propre constituant un ensemble sans discontinuité territoriale et limitrophe</td></tr>
<tr><td>Critères prioritaires de répartition fixés par la loi</td><td>Critères définis dans les statuts de l'EPCI</td><td colspan="2">1. Écart du revenu par habitant de la commune au revenu moyen par habitant de l'EPCI
2. insuffisance de potentiel fiscal ou financier par habitant de la commune au regard du potentiel fiscal ou financier communal moyen par habitant sur le territoire de l'EPCI</td><td colspan="2">1. Importance de la population
2. Potentiel fiscal ou financier par habitant</td></tr>
<tr><td>Critères complémentaires</td><td colspan="5">Liberté totale des EPCI dans le choix de critères supplémentaires</td></tr>
</table>

Source : Rapport Pupponi, *Rapport de la mission « Péréquation et politique de la ville »*, juin 2013.

La faible utilisation de critères péréquateurs est même soulevée à plusieurs reprises devant le juge administratif.

Comme le rappelle la cour administrative d'appel de Paris dans un arrêt du 29 octobre 2007, la DSC doit fonctionner selon une logique de solidarité. Dès lors, les critères légaux, qui permettent de favoriser cette finalité, à savoir selon l'article 1609 *nonies* C du CGI, la population, le potentiel fiscal par habitant et l'importance des charges, doivent « obligatoirement et prioritairement être pris en compte »[44]. Par ce biais, le juge administratif censure le régime juridique d'une DSC, qui ne reflète toutefois pas suffisamment une logique de solidarité[45].

D'autres arrêts sont venus nuancer cette interprétation. Ainsi, la cour administrative d'appel de Paris indique, dans un arrêt du 7 novembre 2011, que la DSC

> « est répartie en tenant compte prioritairement de l'importance de la population et du potentiel fiscal ou financier par habitant, les autres critères étant fixés librement par le conseil »[46].

Le caractère obligatoire n'est pas pris en compte par cette cour administrative d'appel.

Ces lacunes concernant la DSC ont été partiellement entendues par le législateur avec le projet de loi de programmation pour la ville et la cohésion urbaine déposé le 2 août 2013. L'article 9 dudit projet visait :

> « À rendre obligatoire l'instauration d'une dotation de solidarité communautaire dans les EPCI signataires d'un contrat de ville sur le modèle de l'obligation actuelle existant pour

44. CAA Paris, 9 octobre 2007, *Préfet du Val-de-Marne*, req. n° 05PA04894.

45. La cour administrative censure ainsi la prise en compte du calcul de la DSC de « 60 % du montant de la dotation de solidarité communautaire au prorata de la contribution de chaque ville à la croissance des bases de taxe professionnelle depuis 1999, pondérée par l'application du taux de l'année 1999 et corrigée du montant des allocations pondératrices », *ibid.*

46. CAA Paris, 7 novembre 2011, n° 09PA01095.

> les communautés urbaines. Les critères de répartition de cette dotation pour les communautés d'agglomération et les communautés de communes signataires d'un contrat de ville seront les mêmes que ceux utilisés pour les communautés urbaines. L'objectif est d'inciter à une réflexion au sein des EPCI sur la solidarité intercommunale et de la moduler localement en fonction notamment des objectifs du contrat de ville, plutôt que d'imposer un mode de répartition et un montant nationaux. »[47]

Toutefois, le texte final est légèrement différent par rapport à cette proposition audacieuse, car selon l'article 12 de la loi de programmation du 21 février 2014 :

> « Lorsqu'il s'agit d'une communauté urbaine, d'une métropole ou de la métropole de Lyon ou lorsque l'établissement public de coopération intercommunale est signataire d'un contrat de ville tel que défini à l'article 6 de la loi n° 2014-173 du 21 février 2014 de programmation pour la ville et la cohésion urbaine, il définit les objectifs de péréquation et de renforcement des solidarités financière et fiscale entre ses communes membres sur la durée du contrat de ville. L'établissement public de coopération intercommunale à fiscalité propre s'engage, lors de la signature du contrat de ville, à élaborer, en concertation avec ses communes membres, un pacte financier et fiscal de solidarité visant à réduire les disparités de charges et de recettes entre ces dernières. Ce pacte tient compte des efforts de mutualisation des recettes et des charges déjà engagés ou envisagés à l'occasion des transferts de compétences, des règles d'évolution des attributions de compensation, des politiques communautaires poursuivies au moyen des fonds de concours ou de la dotation de solidarité communautaire ainsi que des critères retenus par l'organe délibérant de l'établissement public de coopération intercommunale à fiscalité propre pour répartir, le cas échéant, les prélèvements ou reversements au titre du Fonds national de péréquation des ressources intercommunales et communales. À défaut d'avoir élaboré un tel pacte

47. AN, *Étude d'impact du projet de loi de programmation pour la ville et la cohésion urbaine*, n° 133, 2 août 2013.

> ou de s'engager à l'élaborer dans la première année de mise en œuvre du contrat de ville, l'établissement public de coopération intercommunale à fiscalité propre est tenu d'instituer, dans le cadre d'un contrat de ville, une dotation de solidarité communautaire, dont le montant est réparti en fonction de critères de péréquation concourant à la réduction des disparités de ressources et de charges entre les communes. »

Cette évolution lors des travaux parlementaires s'explique par la volonté des collectivités territoriales de pouvoir démontrer que la péréquation s'exprime par différents procédés. Toute la question consiste alors à mesurer localement les dispositifs de péréquation par la ressource ou la dépense.

B. La mise en place du fonds de péréquation des ressources intercommunales et communales (art. L. 2336-1 et s. du CGCT)

L'impossibilité d'effectuer une péréquation entre 36000 communes, en raison de leur trop grand nombre, plaide pour une péréquation intercommunale, d'autant plus que 95 % du territoire est intercommunalisé. C'est dans cette logique que s'engage le législateur. La loi de finances pour 2011 crée ainsi un fonds horizontal de péréquation intercommunale et communale (FPIC) et la loi de finances pour 2012 définit ses mécanismes de fonctionnement.

Tout comme le FSRIF avec sa réforme, le législateur prévoit une montée en puissance des dispositifs au cours des années pour permettre d'apprécier la portée de ces critères et ainsi de réajuster les critères.

Notons toutefois que le montant de 1 milliard d'euros pour 2016 n'est que prévisionnel, car la loi a prévu en réalité que le FPIC représente 2 % des recettes fiscales communale et intercommunale.

Le FPIC repose sur certaines caractéristiques innovantes en matière de péréquation :

– l'utilisation de l'EPCI comme échelon de référence ;

– l'utilisation d'un nouvel indicateur, le potentiel financier agrégé, qui permet de mesurer la richesse agrégée entre l'EPCI et ses communes membres. Les comparaisons entre EPCI sont donc facilitées.

Les intercommunalités sont considérées comme l'échelon de référence. La mesure de la richesse s'effectue de façon consolidée à l'échelon intercommunal par le biais d'un potentiel financier agrégé (PFIA), en agrégeant richesse de l'EPCI et de ses communes membres. Cette approche permet de neutraliser les choix fiscaux des intercommunalités et ainsi de comparer des EPCI de catégories différentes. La comparaison peut également s'effectuer avec des communes isolées.

Le potentiel financier agrégé (PFIA) repose, quant à lui, sur une assiette de ressources très large, tirant toutes les conséquences de la suppression de la taxe professionnelle : sont prises en compte la quasi-totalité des recettes fiscales autres que les taxes affectées ainsi que les dotations forfaitaires des communes. Afin de tenir compte du poids des charges des collectivités dont le niveau par habitant s'accroît en fonction de leur taille, les populations retenues pour le calcul des potentiels financiers agrégés sont pondérées par un coefficient logarithmique qui varie de 1 à 2 en fonction croissante de la taille de la collectivité.

Les règles relatives au prélèvement (1) et aux bénéficiaires (2) diffèrent toutefois.

1. Le prélèvement

Le prélèvement constitue l'étape technique permettant de définir les communes et EPCI contributeurs ainsi que leur montant.

Sont contributeurs au FPIC les ensembles intercommunaux ou les communes isolées dont le potentiel financier agrégé par habitant est supérieur à 90 % de la moyenne nationale.

La contribution d'un ensemble intercommunal ou d'une commune isolée est fonction de l'écart relatif de son PFIA par habitant au PFIA moyen par habitant et de sa population avec un effet progressif.

Il s'agit, en réalité, d'un potentiel financier agrégé, c'est-à-dire comprenant le niveau communal et intercommunal, par territoire prenant en compte la logique démographique. Des débats relativement âpres ont lieu sur ce point. Un certain nombre de communes défendent l'idée que plus la taille de la commune augmente, plus ses charges s'accroissent. Cette logique semble avoir été intégrée. Comme l'explique le rapport de 2012 du gouvernement,

> « afin de tenir compte du poids croissant des charges d'une collectivité avec la taille de la collectivité, les populations retenues pour le calcul des potentiels financiers agrégés par habitant sont pondérées par un coefficient logarithmique qui varie de 1 à 2 en fonction croissante de la taille de la collectivité »[48].

Le calcul du coefficient est fixé par décret qui distingue trois hypothèses :

– si le territoire compte moins de 7 500 habitants, le coefficient est égal à 1 ;
– si le territoire compte entre 7 500 et 500 000 habitants, application logarithmique ;
– si le territoire compte plus de 500 000 habitants, coefficient est égal à 2.

La loi de finances pour 2014 a introduit, pour calculer le prélèvement, un nouveau critère, à savoir le revenu. La détermination du prélèvement s'effectue donc désormais sur la base d'un indice synthétique prenant en compte le PFIA et le revenu, à hauteur de 25 % depuis la loi de finances pour 2014.

48. Rapport FPIC, septembre 2012, préc., p. 30.

La somme des prélèvements, pesant sur un ensemble intercommunal ou une commune isolée au titre du FPIC d'une année et du FSRIF de l'année précédente, ne peut excéder 13 % des ressources fiscales prises en compte pour le calcul du PFIA.

2. Les bénéficiaires

Sont bénéficiaires du FPIC, 60 % des ensembles intercommunaux classés selon un indice synthétique, représentatif des ressources et des charges des collectivités, composé de critères simples et applicables à toutes les intercommunalités, quelles que soient leur taille et leur situation (rurale ou urbaine). L'indice synthétique est composé à 60 % du revenu par habitant, à 20 % du potentiel financier agrégé et à 20 % de l'effort fiscal.

Sont également éligibles, les communes isolées dont l'indice synthétique est supérieur à l'indice médian. Toutefois, tout ensemble intercommunal ou toute commune isolée qui serait éligible selon ces critères, mais qui présenterait un effort fiscal inférieur à 0,8 en 2014 et 0,9 en 2015 sera exclu du bénéfice du FPIC. Ceci permet de prendre en compte les efforts que font les collectivités pour mobiliser leurs marges de manœuvre fiscales. La loi de finances pour 2015 porte cet indicateur à 1 en 2016[49].

Une fois le prélèvement ou le reversement calculé au niveau d'un ensemble intercommunal, celui-ci est réparti entre l'EPCI et ses communes membres en deux temps : dans un premier temps entre l'EPCI d'une part et ses communes membres d'autre part, dans un second temps entre les communes membres. Une répartition « de droit commun » est prévue à la fois pour le prélèvement et le reversement, en fonction de la richesse respective de l'EPCI et de ses communes membres. Toutefois, par dérogation, l'organe délibérant de l'EPCI pourra procéder à une répartition alternative.

49. Article 110 de la loi de finances pour 2015, *op. cit.*

L'attribution revenant à chaque ensemble intercommunal est répartie entre l'EPCI à fiscalité propre et ses communes membres en fonction du coefficient d'intégration fiscale défini au III de l'article L. 5211-30 du CGCT, puis entre les communes membres en fonction de l'insuffisance du potentiel financier par habitant de ces communes, mentionné aux III et IV de l'article L. 2334-4 du CGCT, et de leur population.

Par dérogation, l'attribution peut être répartie selon les modalités suivantes :

1° Soit par délibération de l'établissement public de coopération intercommunale à fiscalité propre prise avant le 30 juin de l'année de répartition, à la majorité des deux tiers, entre l'établissement public de coopération intercommunale à fiscalité propre et ses communes membres en fonction du coefficient d'intégration fiscale défini au III de l'article L. 5211-30, puis entre les communes membres en fonction de leur population, de l'écart entre le revenu par habitant de ces communes et le revenu moyen par habitant de l'établissement public de coopération intercommunale à fiscalité propre et de l'insuffisance de potentiel fiscal ou financier par habitant de ces communes au regard du potentiel fiscal ou financier communal moyen par habitant sur le territoire de l'établissement public de coopération intercommunale à fiscalité propre ainsi que, à titre complémentaire, d'autres critères de ressources ou de charges qui peuvent être choisis par le conseil de l'établissement public de coopération intercommunale à fiscalité propre. Ces modalités ne peuvent avoir pour effet de minorer de plus de 30 %[50] l'attribution d'une commune membre par rapport à celle calculée en application du premier alinéa du présent II.

50. L'article 108 de la loi de finances pour 2015 a en effet porté ce taux de 20 à 30 %, *op. cit.*

2° Soit par délibération du conseil de l'établissement public de coopération intercommunale à fiscalité propre statuant à l'unanimité, prise avant le 30 juin de l'année de répartition. Cette règle de répartition est modifiée par la loi de finances pour 2015. Il convient désormais de réunir la majorité des deux tiers de l'organe délibérant de l'EPCI et la majorité des conseils municipaux.

C. Les fonds de concours

Dans le cadre de l'intercommunalité, l'exercice d'une compétence ne peut s'effectuer que sous l'égide d'une commune ou de l'EPCI. Il s'agit d'une déclinaison des principes de spécialité et d'exclusivité[51]. Plusieurs dérogations à ces principes sont introduites successivement par les lois du 6 février 1992, du 12 juillet 1999, du 13 août 2004 et dernièrement par celle du 16 décembre 2010.
Désormais, le V de L. 5214-16, le VI de L. 5216-5 et l'article L. 5215-26 du CGCT autorisent, s'agissant respectivement des communautés de communes, des communautés d'agglomération et les communautés urbaines, le versement de fonds de concours entre l'EPCI et les communes membres après accords concordants exprimés à la majorité simple du conseil communautaire et des conseils municipaux concernés, le montant total des fonds de concours ne pouvant excéder la part du financement assurée, hors subventions, par le bénéficiaire du fonds de concours.

§ 2. Le Fonds de solidarité des communes de la région d'Île-de-France (FSRIF) (art. L. 2531-12 du CGCT)

Le Fonds de solidarité des communes de la région d'Île-de-France (FSRIF) est créé en 1991 pour contribuer à l'amélioration des conditions de vie dans les communes urbaines d'Île-de-France supportant

51. Voir M. HOUSER, *L'intervention de l'État et la coopération entre communes*, L'Harmattan, 2009, 592 p.

des charges particulières au regard des besoins sociaux de leur population sans disposer de ressources fiscales suffisantes (article L. 2531-12 CGCT). Ce dispositif de péréquation horizontale, spécifique à la région Île-de-France, permet une redistribution des richesses entre les communes de la région Île-de-France.

L'existence d'un tel fonds se justifie principalement par les inégalités très fortes au sein de la région Île-de-France. Malgré sa création en 1991, celles-ci demeurent réelles en 2012 comme l'illustre le tableau ci-dessous :

Document 35

Écart de potentiel fiscal entre communes et entre régions

	Ile-de-France	**Rhône-Alpes**	**Alsace**	**Provence Alpes-Côte d'Azur**	**Nord-Pas-de-Calais**
Écart de potentiel financier par habitant entre la commune la plus riche et la commune la plus pauvre	1 à 49	1 à 34	1 à 15	1 à 12	1 à 15

Source : Ministère de la Réforme de l'État, de la Décentralisation et de la Fonction publique, *Rapport évaluant les effets péréquateurs des dotations de péréquation verticale et du Fonds de solidarité des communes de la région d'Île-de-France (FSRIF)*, octobre 2012.

Jusqu'à la loi de finances pour 2012[52], le FSRIF est alimenté par deux prélèvements sur les ressources fiscales des communes et des EPCI : l'un, en fonction de l'écart entre le potentiel financier par habitant de la commune et le potentiel financier moyen des communes

52. *Op. cit.*

de la région ; l'autre, en fonction des bases totales d'imposition à la taxe professionnelle des communes et des EPCI à taxe professionnelle unique et à taxe professionnelle de zone.

La loi de finances pour 2012 adapte le dispositif du FSRIF aux conséquences de la réforme de la fiscalité locale, en supprimant le deuxième prélèvement au fonds. De ce fait, les EPCI sont exclus du fonds, d'autant qu'ils ont vocation à participer au fonds national de péréquation des ressources intercommunale et communale (FPIC).

La loi de finances pour 2013[53] ajuste le dispositif mis en place en 2012 en introduisant une exonération de contribution des communes qui se classent parmi les 150 premières communes de plus de 10 000 habitants éligibles à la DSU cible et en limitant à 10 % la baisse des attributions pour les communes éligibles au fonds en 2013 et qui l'étaient déjà en 2011.

Il ne reste, à l'heure actuelle, qu'un seul prélèvement sur les ressources des communes de la région. Sont contributrices au fonds, toutes les communes dont le potentiel financier par habitant est supérieur au potentiel financier moyen par habitant des communes de la région. Le prélèvement est calculé pour atteindre, chaque année, le montant fixé par la loi. Un système de plafonnements est mis en place afin d'assurer une certaine stabilité d'une année sur l'autre dans le montant des prélèvements des communes.

§ 3. La péréquation entre communes et EPCI mise en place par le département

Deux types de fonds sont mis en place un concernant la péréquation de la taxe professionnelle, toujours dénommé Fonds départemental de péréquation de la taxe professionnelle (FDPTP) (A) et un autre relatif à la péréquation des droits de mutation au sein du département (B).

53. *Op. cit.*

A. Le Fonds départemental de péréquation de la taxe professionnelle (FDPTP)

Institués en 1975 par la loi n° 75-678 du 29 juillet 1975[54] supprimant la patente et instituant une taxe professionnelle, les FDPTP ont pour but de mettre en œuvre une certaine péréquation fiscale horizontale du produit de taxe professionnelle de certains établissements au niveau départemental ou interdépartemental. Les FDPTP ont finalement pour objectif de répartir le produit de la taxe professionnelle des grands établissements industriels.

Il existe deux modes d'alimentation des FDPTP : d'une part, une alimentation par un écrêtement communal ou intercommunal, d'autre part, une alimentation par prélèvement direct sur les ressources fiscales de certains EPCI.

La répartition des ressources du FDPTP, provenant de l'écrêtement des « établissements exceptionnels », relève de la compétence du conseil général dans le cadre d'une répartition départementale et de celle d'une commission interdépartementale dans le cadre d'une répartition interdépartementale.

Avec la réforme fiscale de 2010, les montants à répartir sont gelés. Il s'agit donc d'un fonds n'évoluant plus, dont l'efficacité a même été fortement mise en doute par un rapport parlementaire selon lequel « la fonction redistributive des FDPTP pourrait être largement améliorée puisque l'on considère qu'ils sont 3 à 4 fois moins péréquateurs que le Fonds de solidarité de la région Île-de-France »[55].

Le Sénat, lors des travaux parlementaires de la loi de finances pour 2015, a tenté de modifier le FDPTP pour créer un fonds d'aide à l'investissement public local, mais cette proposition a été repoussée.

---

54. *Op. cit.*

55. Sénat, *Rapport d'information sur la péréquation*, MM. MEZARD et POINTEREAU, 23 février 2010, n° 309.

B. Le Fonds intra-départemental de péréquation des droits de mutation

L'article 1595 du CGI crée un fonds de péréquation départementale, entre toutes les communes d'une population inférieure à 5 000 habitants autres que les communes classées comme stations balnéaires, thermales, climatiques, de tourisme, et de sports d'hiver.

Les ressources provenant de ce fonds de péréquation sont réparties entre les communes de moins de 5 000 habitants suivant un barème établi par le conseil général. Le système de répartition adopté doit tenir compte de l'importance de la population, des charges de voirie de la commune, de la valeur du centime, du pourcentage officiel de sinistre et de l'effort fiscal fourni par la collectivité bénéficiaire.

SECTION 2 – LA PÉRÉQUATION ENTRE DÉPARTEMENTS

Les nombreux transferts de compétences aux départements ces dernières années avec principalement l'APA, la PCH et le RSA accroissent les volumes budgétaires gérés par ceux-ci, ainsi que les inégalités, d'autant plus que les compensations financières versées par l'État (TIPP et TSCA) n'ont pas ou presque pas évolué.

Devant l'insuffisance des compensations financières, mais également en raison de la réforme de la taxe professionnelle, plusieurs fonds de péréquation entre départements sont mis en place. Le premier concerne la péréquation de la valeur ajoutée (§ 1), le suivant la péréquation des droits de mutation (§ 2) et enfin, est étudiée la péréquation entre départements franciliens (§ 3).

§ 1. *Le Fonds départemental de péréquation de valeur ajoutée (art. L. 3335-1 du CGCT)*

Compte tenu des inégalités de répartition de la valeur ajoutée à la suite de la réforme de la taxe professionnelle, un fonds départemental de péréquation de la cotisation sur la valeur ajoutée des entreprises est créé.

Les recettes fiscales des départements sont désormais diminuées, chaque année, d'un prélèvement au profit de ce fonds, dont le montant est égal au quart des recettes de cotisation sur la valeur ajoutée des entreprises perçues la même année en application de l'article 1586 du CGI.

Les ressources du fonds sont réparties entre les départements en trois parts égales en fonction :

a) de la population de chaque département ;

b) du nombre de bénéficiaires des minima sociaux et de l'allocation personnalisée d'autonomie de chaque département ;

c) de la longueur de la voirie départementale de chaque département.

§ 2. *Les fonds de péréquation des droits de mutation*

La péréquation de cette ressource se justifie par son extrême concentration. « 15 départements concentrent aujourd'hui 50 % des DMTO »[56]. Deux fonds sont instaurés, un en 2010 (A) et un autre en 2014 (B).

56. Sénat, *Rapport d'information sur le financement pérenne des allocations sociales de solidarité*, nº 146, décembre 2013.

A. Le fonds créé en 2010

L'article 123 de la loi de finances pour 2011 met en place un fonds départemental de péréquation des droits de mutation à titre onéreux (DMTO) (article L. 3335-2 du CGCT). Ce nouveau mécanisme de péréquation horizontale des DMTO départementaux concerne les produits mentionnés aux articles 1594 A et 1595 du Code général des impôts nets des frais d'assiette et de recouvrement ainsi que des écrêtements. Ces montants sont ceux qui figurent aux comptes 7321 et 7322 des budgets des départements.

Le dispositif adopté prend la forme d'un fonds alimenté par deux prélèvements. Le premier prélèvement « sur stock » concerne les départements dont le montant par habitant est supérieur à 75 % de la moyenne nationale des DMTO par habitant. Le second prélèvement « sur flux » a pour objet les départements dont les recettes fiscales connaissent une progression supérieure à deux fois l'inflation et dont le montant par habitant est supérieur à 75 % de la moyenne nationale des DMTO par habitant.

Il convient d'étudier les départements contributeurs (1), puis les bénéficiaires (2).

1. Détermination des départements contributeurs au fonds DMTO

a. Détermination des contributeurs au premier prélèvement

Sont susceptibles d'être contributeurs au fonds DMTO au titre du premier prélèvement, les départements dont le montant de DMTO/habitant perçu en 2012 est supérieur à 75 % des DMTO/habitant de l'ensemble des départements (métropole + DOM).

b. Détermination des contributeurs au second prélèvement

Sont susceptibles d'être contributeurs au fonds DMTO au titre du second prélèvement les départements réunissant les deux conditions suivantes :

– la différence entre le montant des DMTO perçu en 2012 et la moyenne des DMTO perçus en 2010-2011 est supérieure à la moyenne des DMTO perçus en 2010-2011 multipliée par deux fois le taux d'évolution des prix à la consommation hors tabac associé au projet de loi de finances pour 2012 (soit 1,7 %) ;
– leur montant de DMTO/habitant perçu en 2012 est supérieur à 75 % des DMTO/habitant de l'ensemble des départements.

L'article L. 3335-2 du CGCT, modifié par l'article 113 de la loi n° 2012-1509 du 29 décembre 2012 de finances pour 2013, précise que

> « lorsque le montant total des deux prélèvements est supérieur à 380 millions d'euros, le comité des finances locales peut décider de mettre en réserve, dans un fonds de garantie départemental des corrections conjoncturelles, tout ou partie du montant excédant ce niveau. Sur décision de ce comité, tout ou partie des sommes ainsi mises en réserve vient abonder les ressources mises en répartition au titre des années suivantes lorsque les prélèvements alimentant le fonds sont inférieurs d'au moins 5 % au montant des ressources réparties au titre de l'année précédente ».

Lors de sa séance du 13 mars 2012, le CFL décide de mettre 120 millions d'euros en réserve. 60 millions d'euros sur ces 120 millions sont débloqués lors de la séance du CFL du 19 mars 2013 pour abonder la masse mise en répartition en 2013.

En outre, l'article 113 de la loi n° 2012-1509 du 29 décembre 2012 de finances pour 2013 permet aux départements qui cessent d'être bénéficiaires du fonds de percevoir, à titre de garantie pour les trois exercices suivants, une attribution égale respectivement à 75 %, 50 % et 25 % du montant perçu l'année précédant celle, au titre de laquelle, ils ont perdu l'éligibilité.

2. Les bénéficiaires

Sont bénéficiaires du fonds DMTO, les départements ayant un potentiel financier par habitant inférieur au potentiel financier par habitant moyen de l'ensemble des départements ou désormais depuis 2013, un revenu par habitant inférieur au revenu moyen par habitant de l'ensemble des départements.
Les départements d'Outre-mer (Guadeloupe, Martinique, Guyane et la Réunion et Mayotte) sont éligibles de droit au reversement au titre du fonds de péréquation des DMTO (article L. 3335-2 du CGCT modifié par l'article 113 de la loi de finances n° 2012-1509 du 29 décembre 2012). Un département peut être à la fois contributeur et bénéficiaire du fonds.

La proposition de créer un Fonds de péréquation des droits de mutation à titre onéreux perçus par les départements apparaît dans le contexte de la discussion parlementaire de la réforme de la taxe professionnelle par la loi de finances pour 2010. Elle est présentée comme un moyen de corriger les inégalités provenant de la répartition géographiquement très concentrée des recettes dégagées par cette imposition (17 départements concentrant la moitié de la recette nationale).

B. Les fonds exceptionnels de 2014

La hausse du taux des droits de mutation, décidée par la loi de finances pour 2014 (article 78) pour compenser la charge nette des dépenses des départements en matière de RSA, d'APA et de PCH engendre de nouvelles inégalités, d'où la création d'un nouveau fonds, qui finalement associe péréquation et compensation.

Alimenté par un prélèvement égal à 0,35 % du montant de l'assiette de la taxe de publicité foncière et des droits d'enregistrement perçus par les départements en 2013, le montant des départements contributeurs ne peut toutefois excéder 12 % du produit des droits de mutation à titre onéreux perçu par le département l'année précédant celle de la répartition.

Pour définir le montant dû aux départements, un ratio est calculé entre les coûts des dépenses de RSA, d'APA et de PCH par rapport aux compensations financières versées par l'État. Puis, les ressources du fonds sont réparties en deux fractions :

a) la première représentant 30 % des ressources bénéficie aux départements dont le potentiel fiscal est inférieur au potentiel fiscal moyen par habitant de l'ensemble des départements ou dont le revenu par habitant est inférieur à 1,2 fois le revenu moyen par habitant de l'ensemble des départements.

b) la seconde fraction, dont le montant représente 70 %, bénéficie à la première moitié des départements éligibles au a) et classés en fonction décroissante de leur solde par habitant tel que défini précédemment.

Les départements, dont le montant par habitant des droits de mutation à titre onéreux perçu l'année précédente est supérieur à 1,4 fois le montant par habitant de l'ensemble des départements, ne peuvent pas bénéficier d'une attribution au titre du fonds.

§ 3. Le Fonds de solidarité des départements de la région Île-de-France

L'Île-de-France concentre tous les paradoxes. Région la plus riche de France, elle compte également, en son sein, les inégalités entre individus les plus fortes. Aussi, la loi de finances pour 2014 crée un nouveau Fonds de solidarité pour les départements de la région d'Île-de-France, doté de 60 millions d'euros.

Fondée sur une logique horizontale, les départements contributeurs et ceux bénéficiaires reposent sur la mise en œuvre d'un nouvel indice synthétique de ressources et de charges.

La détermination des départements contributeurs et de ceux bénéficiaires reposent sur la mise en œuvre d'un nouvel indice synthétique de ressources et de charges

Ce dernier correspond au rapport entre la situation du département par rapport à la moyenne des départements de la région d'Île-de-France. Entre également en compte pour calculer ce rapport le potentiel financier, le revenu moyen par habitant, le nombre de bénéficiaires du revenu de solidarité active ou encore le nombre des bénéficiaires d'aides au logement. Le premier critère représente 50 %, le deuxième 25 %, le troisième à hauteur de 15 % et le quatrième 10 %.

SECTION 3 – LA PÉRÉQUATION ENTRE RÉGIONS

Les finances régionales représentent la part la plus faible des finances locales malgré l'existence d'inégalités entre ces collectivités.

Aussi, la détection des inégalités régionales devient un véritable enjeu depuis une dizaine d'années, principalement depuis les nombreux transferts de compétences de l'État aux régions et depuis que la région intervient dans des compétences importantes (transports, développement économique, lycée, formation professionnelle). En outre, la réforme de la taxe professionnelle accroît ces inégalités.

Trois aspects méritent certains développements :

- la détection des inégalités (§ 1);
- le Fonds de correction des déséquilibres régionaux (§ 2);
- le Fonds régional de péréquation des ressources (§ 3).

§ 1. La détection des inégalités

La première pierre à l'édifice concernant la détection des inégalités remonte à un rapport parlementaire de 2004[57]. Selon un graphique élaboré par le cabinet Klopfer, les inégalités en termes de base d'imposition concernant l'ex-taxe professionnelle sont les suivantes :

57. Sénat, *La péréquation interrégionale : vers une nouvelle égalité territoriale, Rapport d'information no 342*, le 9 juin 2004.

Document 36

Bases de taxe professionnelle par habitant

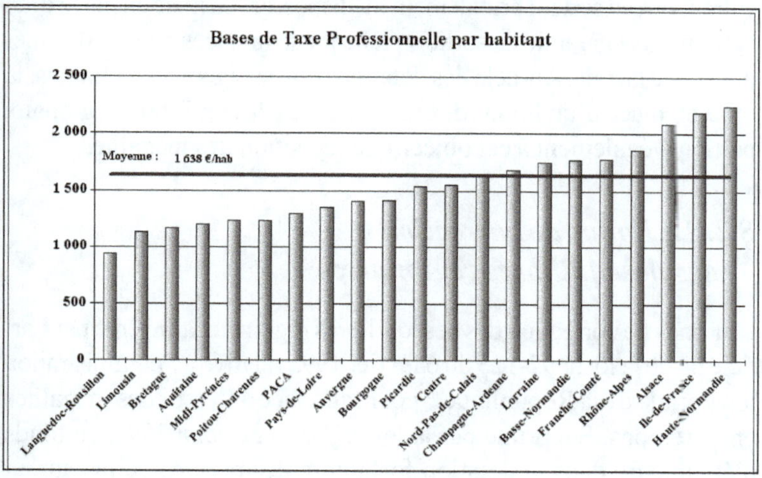

Source : Cabinet Klopfer. Annexe du rapport de 2004.

Selon un nouveau rapport parlementaire de 2009, « en 2006, les inégalités de pouvoir d'achat des régions auraient ainsi été corrigées de 45,2 %, contre 38,2 % en 2001 »[58]. Ce même rapport indique également que

> « deux éléments peuvent être relevés : – la péréquation régionale est un dispositif récent, réformé en 2004, mais dont les critères d'éligibilité et de répartition n'ont pas été modifiés ; – les sommes qui y sont consacrées ont augmenté de manière significative, même si le Comité des finances locales utilise de façon prudente les marges dont il dispose pour déterminer le montant des sommes consacrées à la péréquation »[59].

58. AN, *Rapport d'information sur l'efficacité péréquatrice des dotations versées aux collectivités territoriales*, M. Aeschlimann, 25 juin 2009, nº 1784.

59. *Ibid.*

Malgré une politique de péréquation relativement efficace, des effets de seuil problématiques sont détectés avec des régions qui entrent ou qui sortent brutalement du dispositif. La mise en place d'un système de « garantie de sortie » par la loi de finances pour 2008 améliore cette lacune. Au-delà des dotations qui corrigent les inégalités, la mise en place d'un Fonds de correction des déséquilibres régionaux participe également à cet objectif de réduction des inégalités.

§ 2. Le Fonds de correction des déséquilibres régionaux

Le Fonds de correction des déséquilibres régionaux a été créé par l'article 64 de la loi n° 92-125 du 6 février 1992 relative à l'administration territoriale de la République[60] pour faire face à l'essor des inégalités entre régions. Supprimé par la loi *de finances pour 2004*, ce fonds a été intégré dans la dotation forfaitaire des régions en instaurant une distinction entre régions. Cette évolution illustre la construction progressive de la DGF et sa difficile compréhension à l'heure actuelle.

§ 3. Le Fonds régional de péréquation des ressources (art. L. 4332-9 du CGCT)

Un Fonds régional de péréquation de la cotisation sur la valeur ajoutée des entreprises est créé par la loi de finances pour 2010 avec la réforme de la fiscalité locale. Toutefois, les différentes simulations effectuées au niveau régional démontrent la nécessité de prendre en compte d'autres ressources que la seule CVAE. Cela explique les principales caractéristiques du fonds régional de péréquation des ressources.

Sont prises en compte les ressources suivantes :

60. *Op. cit.*

1° la cotisation sur la valeur ajoutée des entreprises, perçue par les régions et la collectivité territoriale de Corse en application de l'article 1599 bis du CGI ;

2° l'imposition forfaitaire sur les entreprises de réseau relative au matériel roulant utilisé sur le réseau ferré national pour des opérations de transport de voyageurs, perçue par les régions et la collectivité territoriale de Corse en application de l'article 1599 *quater* A du CGI ;

3° l'imposition forfaitaire sur les entreprises de réseau relative aux répartiteurs principaux de la boucle locale cuivre et aux équipements de commutation, perçue par les régions et la collectivité territoriale de Corse en application de l'article 1599 *quater* B du CGI ;

4° le prélèvement ou le reversement au titre du Fonds national de garantie individuelle des ressources régionales, tel que défini au 2.3 de l'article 78 de la loi de finances n° 2009-1673 du 30 décembre 2009 de finances pour 2010 ;

5° la dotation de compensation de la réforme de la taxe professionnelle, telle que définie au 1.3 du même article 78.

La répartition du fonds prend en compte des indicateurs liés au prélèvement et a exclu tout critère de charges comme cela avait été le cas un temps.

Avant le 30 juin 2016, le gouvernement transmet au Parlement un rapport évaluant l'effet régulateur de ce dispositif sur les écarts d'évolution entre régions. L'avis du comité des finances locales est joint à ce rapport.

SECTION 4 – LES SUBVENTIONS ENTRE COLLECTIVITÉS

La technique des subventions entre collectivités, souvent qualifiée de financement croisé, correspond au versement de sommes d'argent entre collectivités afin de financer des projets précis. Fondés sur la clause de compétence générale rétablie par la loi n° 2014-58 du 27 janvier 2014 de modernisation de l'action publique territoriale et d'affirmation des métropoles[61], ces financements s'inscrivent parfois dans une logique de solidarité, mais pas exclusivement, d'où leur difficile analyse. Il convient alors d'étudier au cas par cas leur contenu. Alors certes, selon l'article L. 3233-1 du CGCT[62], les départements interviennent dans une logique de solidarité, mais le fondement général, à savoir la clause générale de compétence, ouvre la possibilité de financer des projets ne correspondant pas seulement à une logique de solidarité. L'importance des sommes en jeu mérite pourtant de s'intéresser à la question[63] :

61. La formulation de cette clause de compétence générale prête à discussion. Si pendant longtemps l'expression de clause générale de compétence était utilisée, désormais, le législateur semble avoir clôturé le débat, même si d'autres formulations auraient pu être utilisées telles que celle de compétence générale.

62. Selon cet article, « le département apporte aux communes qui le demandent son soutien à l'exercice de leurs compétences ».

63. Nous remercions chaleureusement A. HASTINGS-MARCHADIER pour son accord concernant la reproduction partielle des présents tableaux : voir son article : « Solidarité financière au sein des territoires et système financier local », *RLCT*, juillet-août 2014, p. 69.

Document 37

Subventions de fonctionnement et d'équipement versées par les régions à d'autres collectivités locales et EPCI (en millions d'euros, non arrondis)

Année	**Montants en millions d'euros**
2008	2 174,5
2009	2 063,7
2010	1 945,6
2011	2 045,6
2012	2 120,8
2013	2 122,8
Total	12 473

Source : A. HASTINGS-MARCHADIER, « Solidarité financière au sein ces territoires et système financier local », *RLCT*, juillet-août 2014, p. 69.

Document 38

Subventions de fonctionnement et d'équipement versées par les départements à d'autres collectivités locales et EPCI (en millions d'euros, non arrondis)

Année	**Montants en millions d'euros**
2008	3 854,1
2009	3 427,1
2010	3 035,6
2011	2 834,5
2012	2 757,5
2013	2 723,6
Total	18 632,4

Source : A. HASTINGS-MARCHADIER, « Solidarité financière au sein des territoires et système financier local », *RLCT*, juillet-août 2014, p. 69.

CHAPITRE 3

LA PÉRÉQUATION ET L'OUTRE-MER

L'Outre-mer renvoie à une diversité juridique. Aux termes de l'article 73 de la C, cinq collectivités sont régies par cet article : – quatre départements et régions d'Outre-mer (DROM) situés dans la mer des Caraïbes (Guadeloupe, Martinique et Guyane) et au sud de l'Océan indien (La Réunion). Une autre catégorie juridique regroupe les collectivités d'Outre-mer (COM) : Saint-Barthélemy, Saint-Martin, Saint-Pierre-et-Miquelon ; la Polynésie française et les îles Wallis-et-Futuna. L'Outre-mer comporte également deux autres collectivités : la Nouvelle-Calédonie qui est une collectivité *sui generis*, ainsi que les Terres australes et antarctiques françaises (TAAF). Chaque territoire possède ses propres spécificités avec malgré tout une autonomie plus grande que les collectivités territoriales de la métropole.

Le droit de l'Union apporte également une réponse spécifique pour ces territoires, mais avec ses propres catégories.

Au fil des années, deux statuts ont été créés, celui des régions ultra-périphériques (RUP) depuis le traité de Maastricht signé le 7 février 1992 (déclaration n° 26) soumis au droit de l'Union européenne et bénéficiant des fonds structurels et celui des PTOM (pays et territoires d'Outre-mer), associés à l'Union européenne, mais bénéficiant d'une certaine autonomie de par les traités. Ces territoires sont définis par l'article 349 du traité sur le fonctionnement de l'Union européenne (TFUE), qui dresse en même temps la liste des territoires concernés : la Martinique, la Guadeloupe, la Guyane, La Réunion et Mayotte.

L'action menée par l'Union européenne est détaillée dans la communication de la Commission du 20 juin 2012 intitulée « *Les régions ultrapériphériques de l'Union européenne : vers un partenariat pour une croissance intelligente, durable et inclusive* », avec cinq axes d'intervention pour aider ces territoires : l'accessibilité, la compétitivité, l'insertion régionale, la dimension sociale et changement climatique.

En matière de péréquation, l'Outre-mer fonctionne comme les territoires métropolitains avec une péréquation verticale (*Section 1*) et horizontale (*Section 2*).

SECTION 1 – LA PÉRÉQUATION VERTICALE

Si la structure des dotations des collectivités de métropole s'applique à l'Outre-mer, en revanche, les modalités de calcul s'avèrent plus favorables. La distinction pour les collectivités de métropole s'applique pour l'Outre-mer avec la DGF des communes (§1), puis celle des départements (§2), et enfin, celle des régions (§3).

§ 1. La DGF des communes d'Outre-mer

S'agissant de la dotation forfaitaire, les communes d'Outre-mer ne bénéficient pas d'un régime particulier, le droit commun s'applique.

En revanche, s'agissant des dotations de péréquation affectées aux communes d'Outre-mer, sont calculées deux quotes-parts spécifiques : une quote-part « dotation de solidarité urbaine/dotation de solidarité rurale » (DSU/DSR) et une quote-part « dotation nationale de péréquation » (DNP). Les montants de ces enveloppes sont déterminés en appliquant au montant total de la dotation de péréquation considérée un ratio de population majoré de 33 %.

Le mode de répartition, différent de celui de la métropole repose sur des critères démographiques (population, superficie et éloignement du chef-lieu du territoire) et des critères financiers (impôts ménage pour les départements d'Outre-mer et centimes additionnels pour la Polynésie française et la Nouvelle-Calédonie).

§ 2. La DGF des départements d'Outre-mer

Comme la DGF des départements de métropole, la DGF des départements et collectivités d'Outre-mer comprend quatre composantes :
- une dotation forfaitaire ;
- une dotation de compensation ;
- une dotation de péréquation urbaine (DPU) ;
- une dotation de fonctionnement minimale (DFM).

Les deux premières composantes s'appliquent aux départements et collectivités d'Outre-mer comme à ceux de métropole.

Pour la DPU et la DFM, des quotes-parts Outre-mer sont prélevées sur les montants totaux mis en répartition au bénéfice des départements et collectivités d'Outre-mer. Les montants des quotes-parts sont déterminés en utilisant un ratio de population égal au double du rapport, majoré de 10 %, entre la population des départements et collectivités d'Outre-mer éligibles à la DGF et la population totale des départements. La quote-part DPU est ensuite répartie au prorata de la population des collectivités concernées. La quote-part DFM est répartie pour 80 % en fonction de leur population, pour 10 % en fonction de la longueur de voirie et pour 10 % en fonction de leur potentiel financier.

§ 3. La DGF des régions d'Outre-mer

Comme la DGF des régions de métropole, la DGF des régions d'Outre-mer comprend deux composantes :
- une dotation forfaitaire ;
- une dotation de péréquation.

La première composante s'applique aux régions d'Outre-mer comme à celles de métropole.

Pour la dotation de péréquation, une quote-part outre-mer est prélevée sur le montant total mis en répartition, au bénéfice des régions d'Outre-mer. Cette quote-part est déterminée par application au montant total de la dotation de péréquation du triple du rapport entre la population des régions d'Outre-mer et la population de l'ensemble des régions.

Les régions d'Outre-mer sont éligibles de droit à la dotation de péréquation. La dotation de péréquation des régions d'Outre-mer est répartie en deux parts :

- la première part est répartie en fonction de l'écart relatif entre l'indicateur de ressources fiscales moyen par habitant de l'ensemble des régions et l'indicateur de ressources fiscales par habitant de chaque région d'Outre-mer, pondéré par la population ;
- la deuxième part est répartie au prorata des dépenses totales de chacune des régions d'Outre-mer constatées dans leur compte administratif.

SECTION 2 – LA PÉRÉQUATION HORIZONTALE

Deux dispositifs s'appliquent, d'une part, le FPIC avec certaines particularités (§1), et d'autre part, un nouveau mécanisme, le fonds intercommunal de péréquation (§2).

§ 1. Les particularités du FPIC

L'ensemble des communes des départements d'Outre-mer, de la Nouvelle-Calédonie, de la Polynésie française, de la collectivité territoriale de Saint Pierre-et-Miquelon et de la collectivité de Wallis-et-Futuna sont bénéficiaires au titre du fonds national de péréquation des ressources intercommunales et communales.

L'enveloppe du FPIC destinée aux communes et EPCI de Mayotte, de la Nouvelle-Calédonie, de la Polynésie française, de Saint-Pierre-et-Miquelon et des circonscriptions territoriales des îles Wallis-et-Futuna est issue d'une quote-part à destination de l'Outre-mer qui est prélevée sur les ressources du FPIC. Cette enveloppe est répartie entre les territoires au prorata de la population, puis au sein de chaque territoire entre les communes et EPCI selon les modalités prévues par le décret du 23 juillet 2012[64].

Plus précisément :

- s'agissant de la collectivité territoriale de Saint-Pierre-et-Miquelon et des circonscriptions territoriales des îles Wallis-et-Futuna, la répartition du FPIC entre les communes et les circonscriptions territoriales s'effectue proportionnellement à la population ;
- s'agissant de la Nouvelle-Calédonie, de la Polynésie française et du Département de Mayotte, la répartition du FPIC entre les communes et les ensembles intercommunaux est fondée sur la création d'un indicateur de ressources spécifique à ces territoires.

Par ailleurs, pour la répartition du FPIC, les ensembles intercommunaux sont considérés comme l'échelon de référence, mais la comparaison peut également s'effectuer avec des communes isolées. Ces dernières constituent l'essentiel des territoires concernés.

§ 2. Le Fonds intercommunal de péréquation

Créé en 1971, le Fonds intercommunal de péréquation (FIP) est actuellement régi par la loi organique statutaire du 27 février 2004[65].

64. Décret n° 2012-908 du 23 juillet 2012 relatif à la péréquation des ressources fiscales des communes et établissements publics de coopération intercommunale de Mayotte, de la Nouvelle-Calédonie, de la Polynésie française, de Saint-Pierre-et-Miquelon et des circonscriptions territoriales des îles Wallis et Futuna, *JO* du 25 juillet 2012, p. 12192.

65. Loi organique n° 2004-192 du 27 février 2004 portant statut d'autonomie de la Polynésie française, *JO* du 2 mars 2004, p. 4183.

Sa vocation est de doter les communes d'une source de financement stable et pérenne en l'absence d'une fiscalité propre suffisante. Il représente ainsi, en moyenne, 40 % des ressources budgétaires des communes.

Les ressources du FIP proviennent chaque année d'un prélèvement effectué sur les impôts, droits et taxes perçues au profit du budget général de la Polynésie française dont le taux est fixé par décret après consultation de l'assemblée et du conseil des ministres (appelé « quote-part », ce taux est de 17 % depuis 2006), mais aussi d'une contribution de l'État dont le montant est fixé, annuellement, par la loi de finances. Les ressources alimentant le FIP doivent être des « des impositions de toute nature » au sens de l'article 34 de la C. Dès lors, le prélèvement sur les mises des loteries spécifiques au territoire et le prélèvement proportionnel sur les mises participantes des jeux et loteries ne relevant pas de la catégorie des redevances doivent être inclus dans l'assiette du FIP[66].

Depuis 2011, le FIP dispose d'une ressource supplémentaire constituée par la dotation territoriale pour l'investissement des communes.

Le comité des finances locales répartit les ressources du fonds intercommunal de péréquation entre les communes et leurs groupements.

Une première part du fonds, libre d'emploi, est versée aux communes en fonctionnement et en investissement. Cette première part non affectée ne peut être inférieure à 70 % des ressources annuelles du fonds, à l'exception des reports de crédits non utilisés les années précédentes.

Elle est répartie entre les communes, pour une part au prorata du nombre de leurs habitants et pour une autre part compte tenu de leurs charges.

Le critère de population intervient au moins à hauteur de 30 % du montant de la part non affectée du fonds.

66. CE, 29 mars 2000, *Commune de Faa'a*, req. n° 176777.

Les charges des communes sont appréciées selon des critères objectifs et mesurables prenant notamment en compte :

– la superficie de chaque commune ;
– le nombre d'élèves scolarisés dans les établissements d'enseignement primaire ;
– l'éloignement géographique de l'île de Tahiti ;
– la dispersion d'une commune sur plusieurs îles ou atolls.

Le comité des finances locales précise les modalités de répartition de cette première partie. Il peut utiliser des critères complémentaires dès lors qu'ils sont représentatifs des charges communales.

En pratique, en 2012, environ 90 % des dotations non affectées sont versées en section de fonctionnement contre 10 % en investissement. Le comité des finances locales peut décider d'attribuer aux communes une deuxième part du fonds pour le financement d'investissements ou la prise en charge de dépenses de fonctionnement en vue de la réalisation de projets d'intérêt communal.

Le comité des finances locales peut également décider d'attribuer aux groupements de communes une troisième part du fonds pour le financement d'investissements ou la prise en charge de dépenses de fonctionnement en vue de la réalisation de projets d'intérêt communal.

CHAPITRE 4

DE LA PÉRÉQUATION À L'APPROCHE TERRITORIALE DE L'UNION EUROPÉENNE

Les collectivités territoriales se voient attribuer chaque année près de 40 % des fonds européens, principalement au titre de la politique régionale. Dès lors, inévitablement se pose la question de savoir comment sont répartis ces fonds entre collectivités territoriales et sur quels critères ? Les inégalités financières entre collectivités territoriales interviennent-elles dans la logique d'affectation ? D'emblée, il convient d'indiquer que le droit de l'Union ne raisonne pas sur une logique de péréquation telle qu'on la connaît en France, mais cherche à cibler « les territoires en difficulté », sans que ce concept ne soit précisément défini.

Aussi, cela explique que la politique de cohésion de l'Union (*Section 1*) amène à s'interroger sur le dépassement des découpages administratifs au profit d'une approche territoriale intégrée (*Section 2*). Toutefois, les territoires en situation en difficulté ne sont pas tous éligibles aux fonds européens, encore faut-il que les collectivités territoriales élaborent des projets conformément aux objectifs de l'Union (*Section 3*).

SECTION 1 – LA POLITIQUE DE COHÉSION DE L'UNION EUROPÉENNE

Si le droit de l'Union ne reconnaît pas juridiquement les collectivités territoriales, il admet la nécessité d'une approche territorialisée de ses politiques. À cet égard, la politique de cohésion, conformément à l'article 4 du TFUE, prend en compte les aspects « économique, sociale et territoriale ».

Les articles 174 et suivants du TFUE approfondissent le détail de cette politique de cohésion, en indiquant notamment que :

> « L'Union vise à réduire l'écart entre les niveaux de développement des diverses régions et le retard des régions les moins favorisées. »

Toutefois, se limiter au terme région serait trompeur, car l'Union cherche à cibler les territoires en difficulté. Ce même article 174 du TFUE poursuit son propos en relevant la nécessité d'accorder une :

> « Attention particulière [...] aux zones rurales, aux zones où s'opère une transition industrielle et aux régions qui souffrent de handicaps naturels ou démographiques graves et permanents. »

La politique de cohésion semble même se doter d'un volet urbain en cherchant à aider les villes à se développer. Toutefois, cette approche urbaine présente certaines lacunes, dans la mesure où les villes

> « ne présentent pas un schéma homogène de développement. Le processus d'urbanisation ne s'est pas fait à l'identique à l'Est et à l'Ouest, et le passage à l'économie de marché pour les PECO ne doit pas faire oublier que l'héritage socialiste pèse encore aujourd'hui lourdement »[67].

---

67. M.-L. DUBOZ et J. LE GALLO, « L'apport de la politique de cohésion aux villes européennes », *RFFP*, n° 125, 2014, p. 66.

Dans le cadre de son budget 2014-2020[68], l'Union européenne investira 325 milliards d'euros au titre de la politique de cohésion dans les États membres, leurs régions et leurs villes afin d'atteindre ses objectifs en matière de croissance et d'emploi et de lutter contre le changement climatique, la dépendance énergétique et l'exclusion sociale.

SECTION 2 – LE DÉPASSEMENT DES DÉCOUPAGES ADMINISTRATIFS PAR LE DROIT DE L'UNION

Le fonctionnement de la politique de cohésion implique de cibler les territoires éligibles. Le droit de l'Union européenne ne raisonne pas à partir des collectivités territoriales découpées administrativement, mais en fonction de territoires. La seule entorse à cette logique a été l'édiction d'une nomenclature des unités territoriales statistiques (NUTS). Chaque pays est désormais divisé en unités statistiques structurées sur trois niveaux :

– le niveau 1 (NUTS 1) qui réunit de 3 à 7 millions d'habitants ;

– le niveau 2 (NUTS 2) de 800 000 à 3 millions d'habitants ;

– le niveau 3 (NUTS 3) de 150 000 à 800 000 habitants.

En France, les NUTS 2 correspondent aux régions et les NUTS 3 aux départements. Les NUTS permettent ainsi une redistribution des fonds européens, répondant de la façon la plus ciblée aux besoins de chaque territoire. Toutefois, cette approche s'avère insuffisante pour définir les territoires éligibles et les territoires en difficultés. En outre, raisonner en termes de péréquation et d'inégalités entre collectivités territoriales n'entre pas dans la logique de l'Union européenne. Fondée sur la cohésion territoriale, l'Union européenne cherche principalement à cibler des territoires en difficulté ignorant les frontières communales, départementales, régionales et parfois nationales. À cet égard, le droit de l'Union raisonne désormais davantage pour le biais de l'« approche territoriale intégrée ».

Selon le considérant 31 du règlement du 17 décembre 2013 portant dispositions communes pour les fonds européens, « il est nécessaire de traiter la question du rôle des villes, des délimitations géographiques fonctionnelles et des zones sous-régionales qui font face à des problèmes géographiques ou démographiques spécifiques »[69]. L'objectif est donc bien de dépasser les délimitations administratives traditionnelles[70] pour cibler un territoire en fonction de ces spécificités. Le droit de l'Union espère, par cette approche, concentrer les fonds européens sur certains territoires, mais également envisager la délégation de gestion aux autorités sous-régionales (acteurs locaux/urbains).

69. Règlement n° 1303/2013 du 17 décembre 2013 portant dispositions communes relatives au Fonds européen de développement régional, au Fonds social européen, au Fonds de cohésion, au Fonds européen agricole pour le développement rural et au Fonds européen pour les affaires maritimes et la pêche, portant dispositions générales applicables au Fonds européen de développement régional, au Fonds social européen, au Fonds de cohésion et au Fonds européen pour les affaires maritimes et la pêche, et abrogeant le règlement, n° 1083/2006, *JOUE* n° L. 347/320 du 20 décembre 2013.

70. Voir P. RAYMOND, « De nouvelles relations financières et institutionnelles entre la France et les Territoires sous l'impulsion de la programmation financière européenne 2014-2020 », *RFFP*, n° 125, février 2014, p. 85-98.

Document 39

Exemple d'une méthode de mise en œuvre

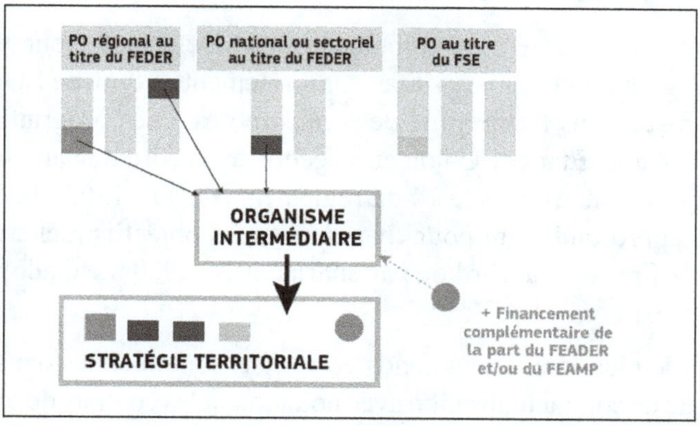

Source : Commission européenne, *Investissement territorial intégré, Politique de cohésion*, mars 2014.

SECTION 3 – DES PROGRAMMES CLASSIQUES AVEC DE NOUVEAUX OBJECTIFS

Le cadre financier pour l'Union européenne 2014-2020 fonctionne avec les mêmes outils que ceux de la précédente période (§ 1). Toutefois, les objectifs ont été revus (§ 2).

§ 1. Les programmes impactant les collectivités territoriales

Depuis la signature du traité de Rome en 1957, de nombreux programmes ont été élaborés par le droit de l'Union européenne auxquels les collectivités territoriales françaises peuvent légitimement prétendre. Il s'agit du Fonds européen de développement régional

(FEDER), le Fonds social européen (FSE), le Fonds européen agricole de développement rural (FEADER) et le Fonds européen pour les affaires maritimes et la pêche (FEAMP).

Même si des règlements communautaires sont élaborés pour définir les programmes éligibles, l'État, conformément au droit de l'Union, s'immisce dans l'éligibilité des collectivités à ces programmes. Entre chaque État et l'Union européenne un accord de partenariat, conformément à l'article 14 du règlement (UE) n° 1303/2013, est signé approfondissant pour chaque pays les objectifs recherchés. Pour la France, l'accord de partenariat 2014-2020 a été adopté le 8 août 2014[71].

Sur le plan interne, les fonds européens sont déclinés dans une logique de contractualisation avec notamment les contrats de plan et les contrats de ville. C'est lors de la signature de ces contrats que le pouvoir réglementaire cherche à faire prévaloir une logique d'égalité pour aider les territoires en difficulté. La circulaire du 15 novembre 2013 demande ainsi aux préfets de région de veiller à identifier « les quartiers prioritaires de la politique de la ville » ou encore d'être attentifs « aux enjeux de la revitalisation économique des territoires ruraux »[72].

§ 2. *Les objectifs visés par le droit de l'Union européenne*

Le droit de l'Union a choisi pour la programmation 2014-2020 de réorienter la politique de cohésion avec les nouveaux objectifs ci-dessous :

---

71. *http://www.partenariat20142020.fr.*

72. Circulaire du Premier ministre, *Préparation des contrats de plan État-région 2014-2020*, n° 5689/SG.

Document 40

Programmation 2007-2013

Objectifs	Cibles	Fonds
Convergence	Régions les moins développées dont le PIB < 75 % de la moyenne européenne	FEDER/FSE/ Fonds de cohésion
Compétitivité régionale et emploi	Régions les plus développées	FEDER/FSE/ Fonds de cohésion
Coopération territoriale européenne	Toutes les régions	FEDER/FSE/ Fonds de cohésion

Source : Document réalisé par l'auteur.

Document 41

Programmation 2014-2020

Objectifs	Cibles	Fonds
Investissement dans la croissance et l'emploi	Régions les moins développées PIB < 75 %	FEDER/FSE/ Fonds de cohésion
	Régions en transition 75 % < PIB < 90 %	FEDER/FSE/ Fonds de cohésion
	Régions plus développées PIB > 90 %	FEDER/FSE
Coopération territoriale européenne	Toutes les régions	FEDER

Source : Document réalisé par l'auteur.

Cette réforme garantit une incidence maximale pour les investissements, qui seront adaptés aux besoins individuels des régions et des villes.

À cet égard, une nouvelle catégorie de régions, dites « régions en transition » est créée. Il s'agit des régions dont le PIB par habitant est compris entre 75 % et 90 % de la moyenne de l'Union.

Désormais, trois catégories de « région » sont définies par l'Union européenne :

- – régions en retard de développement (PIB < 75 % de la moyenne de l'UE-27) ;
- – régions en transition (PIB de 75 % à 90 % de la moyenne de l'UE-27) ;
- – régions plus développées (PIB > 90 % de la moyenne de l'UE-27).

Plusieurs régions françaises sont éligibles ainsi que l'illustre la carte ci-dessous :

Document 42

Carte des régions éligibles aux fonds européens

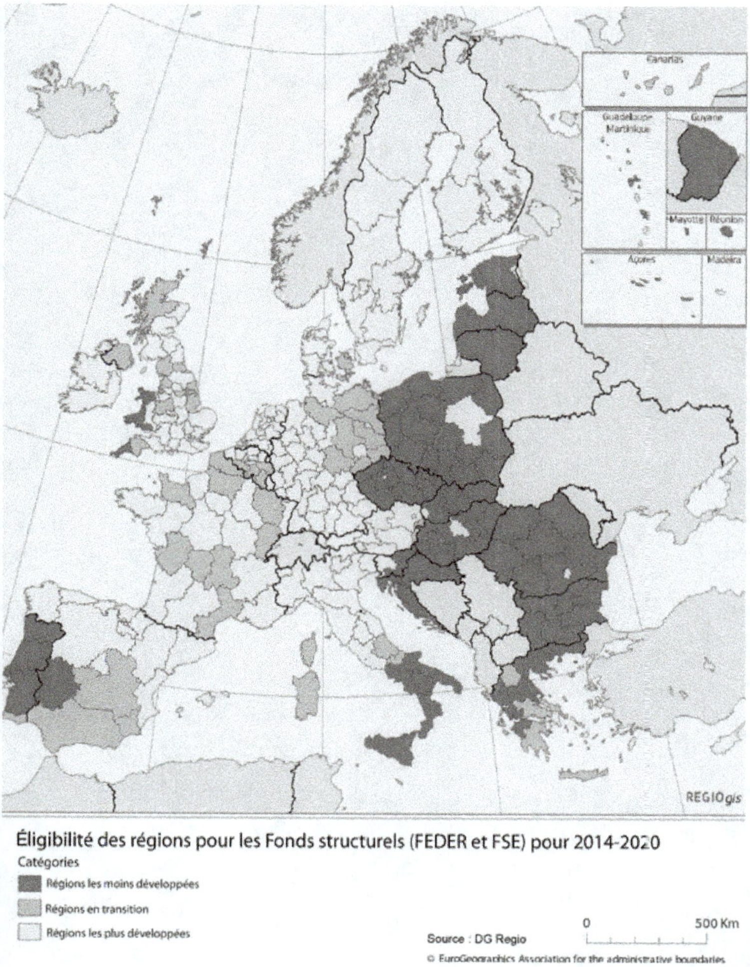

Source : Commission européenne.

CONCLUSION GÉNÉRALE

Le développement de la péréquation financière en France constitue une réalité indéniable avec l'essor des fonds de péréquation horizontale et la hausse des dotations de péréquation, malgré la baisse générale de la participation de l'État aux collectivités territoriales. Cependant, ces nouveaux dispositifs répondent, en partie, à l'impact d'autres réformes précédentes ayant accentué les inégalités, notamment la réforme fiscale de 2010 et la diminution des dotations. Aussi, l'intensification de la péréquation représente un enjeu déterminant pour les années à venir, tant au nom de la solidarité territoriale, mais également pour l'instauration d'un développement économique équilibré sur le territoire. La montée en puissance du FPIC ne suffira pas, à lui seul, à répondre à ces objectifs. La réforme annoncée de la DGF devra également s'inscrire dans cette perspective, en cherchant non pas à préserver les situations acquises, mais en refondant entièrement son contenu sur la base de nouveaux critères et indicateurs.

Le débat juridique sur la nature de la solidarité financière renforce la nécessité d'intégrer la question de l'égalité financière entre collectivités territoriales au sein de la révision de la DGF.

Le phénomène juridique entourant la péréquation continuera à produire ses effets. Si le Conseil constitutionnel, dans sa décision du 29 décembre 2014, a estimé que la baisse générale des dotations cumulée à la hausse des dotations de péréquation ne portait pas atteinte à leur autonomie financière et qu'elle n'était pas « d'une ampleur telle qu'elle entraverait la libre administration des collectivités territoriales »[73], pour autant, des incertitudes juridiques demeurent avec une question centrale : jusqu'où la hausse de la péréquation est-elle admissible ? À titre de rappel, autant la libre administration des collectivités territoriales est clairement affirmée dans la Constitution, autant la péréquation bénéficie d'une référence dont la force juridique s'avère incertaine. Aussi, l'évolution des finances locales avec un rééquilibrage des ressources entre collectivités par des mécanismes complémentaires risque, au final, d'entamer la libre administration. Cela explique que la réforme de la DGF doit réfléchir à la mise en place d'une véritable solidarité financière afin de limiter l'essor de fonds de péréquation dont l'efficacité s'avère, dans le même temps, difficile à mesurer en raison de l'existence de nombreux mécanismes.

73. Cons. const., décision nº 2014-707 DC du 29 décembre 2014, *Loi de finances pour 2015*, à paraître au *Rec.*

Bibliographie, pojets de loi, rapports parlementaires

Ouvrages généraux

– ALBERT J.-L., *Finances publiques*, Dalloz, 8e éd., 2013, 901 p.
– BOUVIER M., *Finances locales*, 15e éd., LGDJ, 2013, p. 18.
– DONIER V., *Droit des collectivités territoriales*, Dalloz, 2014, 192 p.
– GAUDEMET P.-M. et MOLINIER J., *Finances publiques*, 7e éd., Montchrestien, 1996, 577 p.
– ORSONI G., *Science et législation financières*, Economica, 2005, 753 p.

Ouvrages spécifiques

– ALCOCK J., *La péréquation de la contribution personnelle et mobilière*, thèse, 1904.
– ASSEMAT G., *Essai sur les finances locales*, Les imprimeries Desableaux, 1930, 171 p.
– BACHARAN C. et PIATON P., *La péréquation verticale et horizontale – Comprendre et anticiper ses dotations ou prélèvements*, Territorial Éditions, 2014, 192 p.
– BLANC J., *Les péréquations dans les finances locales*, LGDJ, 1996, 135 p.
– BIHR A. et PFEFFERKORM R., *Le système des inégalités*, 2008, coll. « Repères », La Découverte, 128 p.
– CROZET M. et LAFOURCADE M., *La nouvelle économie géographique*, La Découverte, coll. « Repères », 2009, 125 p.
– DIEU H., *Des divers systèmes de péréquation. Pour une nouvelle répartition de la contribution foncière*, Paris, Chaix, 1875
– DONIER V., *Le principe d'égalité dans l'action sociale des collectivités territoriales*, PUAM, 2005, 508 p.
– GUENGANT A., « Équité territoriale et inégalités. Le rôle de la DGF dans la réduction des inégalités financières entre communes », Litec, 1983, 224 p.

– HOUSER M., *L'intervention de l'État et la coopération entre communes*, L'Harmattan, 2009, 592 p.

– MARCOU G., *Les régions entre l'État et les collectivités locales. Approche comparative de cinq États européens à autonomies régionales ou constitution fédérale (Allemagne, Belgique, Espagne, Italie, Royaume-Uni)*, Ministère de l'Intérieur, Centre d'études et de prévision, janvier 2003.

– MARION M., *Histoire financière de la France depuis 1715*, tome II, Éditions Rousseau.

– MUSGRAVE R.-A., *Essays in fiscal federalism*, The Brookings Institution, Washington, 1965.

– OATES W.-E., *Fiscal federalism*, Harcourt, Brace, Janovitch New York, 1972.

– ORSONI G. (dir.), *Les finances publiques en Europe*, 2007, 529 p.

– RAYMOND P., *Solidarité et finances locales*, 1996, thèse dactylographiée, 650 p.

– SAY L., *Impôt foncier. Péréquation et dégrèvement*, Guillaumin, 1881.

– STECKEL-ASSOUÈRE M.-Ch. (dir.), *Regards croisés sur les mutations de l'intercommunalité*, L'Harmattan, 2014, 477 p.

– TARTOUR L., *L'autonomie financière des collectivités territoriales en droit français*, LGDJ, Tome 55, 2012, 432 p.

Articles

– ALBERT J.-L. et PEREAU J.-L.

  – « De l'inégalité, pour préserver ou restaurer l'égalité : les nouveaux instruments financiers et fiscaux de l'aménagement du territoire », *Revue de géographie de Lyon*, vol. 70, n° 2, 1995, p. 141-148.

– ALBERT J.-L. et DONIER V.

  – « La solidarité à la charge des départements », *AJDA*, 2013, p. 272 et s.

– ARNOUX E.

  – « Péréquation » *in Dictionnaires des finances de Léon Say*, Tome 2, 1894, p. 832 à 845.

– BARBE V.

  – « La péréquation, principe constitutionnel », *RFDC*, 2010, p. 3-19.

– BELAND D. et LECOURS A.
– « Logiques institutionnelles et politiques publiques : le programme de péréquation d'hier à aujourd'hui », *Politiques et sociétés*, vol. 29, nº 3, 2010, p. 3.
– « The institutionnal Politics of Territorial Redistribution : Federalism ans Equalization Policy in Australia and Canada », *Revue canadienne de science politique*, nº 46, 2013, p. 93-113.

– BERNARD J.-T.
– Le programme canadien de péréquation : fondements, réalisations et défis, L'idée fédérale, Réseau québécois de réflexion sur le fédéralisme, décembre 2012, 17 p.

– BLÖCHLIGER H. et CHARBIT C.
– « Péréquation financière », *Revue économique de l'OCDE* 1/2008 (nº 44), p. 283-309.

– BORDRON B.
– « La dotation globale de fonctionnement », *AJDA,* 1991, p. 513-516.

– BOURGEOIS I.
– « Solidarité financière – l'expérience allemande », *Regards sur l'*économie allemande, 2011/3 (nº 102), p. 15-28.

– BOUVIER M.
– « Repenser la péréquation financière comme un outil de bonne gouvernance », juillet 2004 nº 10, *Territoires 2020, Revue de la Datar,* p. 15-18.
– « Repenser la solidarité financière entre collectivités locales : les nouveaux enjeux de la péréquation en France », *RFAP*, 2007/1-2, nº 121-122, p. 75-78.

– BUCHANAN J.-M.
– « Fiscal Equalization Revisited Equalization : Welfare Trap or Helping Hand? », Conference of the Atlantic Institute for Market Studies, the Montreal Economic Institute and the Frontier Centre for Public Policy, Montréal, 25 October 2001.

– COMBES P.-P., LAFOURCADE M., THISSE J.-F., TOUTAIN J.-C.
– « The Rise and Fall of Spatial Inequalities *in* France : a Long-run Perspective », Working paper, nº 2008-54.

– DUBOZ M.-L. et LE GALLO J.
  – « L'apport de la politique de cohésion aux villes européennes », *RFFP*, n° 125, p. 57-68.
– FLIZOT S.
  – « Les règles constitutionnelles de limitation de l'endettement public : l'exemple allemand », *http://www.juspoliticum.com/Les-regles-constitutionnelles-de.html.*
– FROMONT M.
  – « Jurisprudence constitutionnelle de la RFA », *RDP*, 2007, p. 1663-1692.
  – « République fédérale d'Allemagne : la jurisprudence constitutionnelle en 2012 », *RDP*, 2013, p. 1033-1068.
– GILBERT G. et GUENGANT A.
  – « Évaluation de la performance péréquatrice des concours financiers de l'État aux communes », *Économie et statistique*, n° 373, 2004.
  – « Actualisation des indicateurs de performance de la péréquation financière entre collectivités territoriales ; actualisation 2002-2006 », Rapport pour la DGCL, 2009.
– GUENGANT A.
  – « Égalité des collectivités territoriales et péréquation », *in* : *http://www.ulb.ac.be/soco/asrdlf/documents/Guengant.pdf,* 2004.
  – « Collectivités locales et économie nationale », *Gestion et finances publiques*, n° 11, novembre 2009, p. 833-837.
  – « Redistribution territoriale des perspectives de croissance des budgets locaux après la réforme de la fiscalité locale des entreprises », *Revue d'Économie Régionale & Urbaine*, 2013/5, décembre, p. 911-926.
– GUENGANT A. et J.-M. UHALDEBORDE
  – « L'émergence de la péréquation des besoins », *in* : *Crise et réforme des finances locales*, PUF, 1989, p. 173.
– GUERY H.
  – « Les enjeux de l'observation sociale locale », *in* : L. ELOI (dir.), *Vers l'égalité des territoires*, 2013, p. 162-179.
– HASTINGS-MARCHADIER A.
  « Solidarité financière au sein des territoires et système financier local », *RLCT*, juillet-août 2014, p. 69.

– « La péréquation financière horizontale et la Constitution », *AJDA*, 2013, p. 2294-2301.

– « Les mécanismes de péréquation financière horizontale au regard de la jurisprudence constitutionnelle et administrative », *RFFP*, 1er mai 2014, n° 126, p. 131-150.

– HERTZOG R.

– « Réflexions sur le fédéralisme financier », *RFFP*, n° 80, décembre 2002, p. 85-102.

– « La péréquation dans les finances locales : à la recherche d'un régime juridique », *in* : *La péréquation financière entre les collectivités locales*, PUF, 1996, p. 202.

– « À propos de la péréquation dans les finances locales », *RFFP*, 1991, n° 34, p. 58.

– HOUSER M.

– « L'entrée des finances locales dans une nouvelle ère », *Pouvoirs locaux*, n° 103, 2015, p. 83-86.

– « La difficile évaluation des économies budgétaires lors d'une mutualisation », *in* M.-Ch. STECKEL-ASSOUÈRE (dir.), *Regards croisés sur les mutations de l'intercommunalité*, L'Harmattan, 2014, 477 p.

– « Les nouveautés de la loi de finances pour 2014 », *JCP A*, 27 janvier 2014, p. 6-8.

– « Les défis du financement de la dépendance par les départements », *AJDA*, 2013, p. 288.

– « Les mesures du projet de loi de finances pour 2013 intéressant les collectivités territoriales », *JCP A*, 19 novembre 2012, aperçu rapide.

– « La péréquation, objet de toutes les attentions de la loi de finances pour 2012 », *AJCT*, janvier 2012, p. 4-6.

– « La construction de la péréquation intercommunale », *RFFP*, n° 119, juillet 2012, p. 1049-1062.

– « Le régime financier de la métropole », *in A L'heure de la métropolisation. Quels contours juridiques ?*, L'Harmattan, 2012, p. 53-79.

– « La péréquation entre départements », *RFDA*, janvier-février 2011, n° 1, p. 157-167.

– « De la spécialisation fiscale à la spécialisation de l'organisation territoriale française », *Pouvoirs locaux*, 2010, n° 84, I/2010, p. 31-36.

– « La décision du 29 décembre 2009 du Conseil constitutionnel et les collectivités territoriales : entre sagesse et frilosité », *LPA*, 20 avril 2010, n° 78, p. 3-5

– « À la recherche de la notion de spécialisation fiscale », *Pouvoirs locaux*, n° 78, III/2008, p. 21-29.

– KATZ E.

– « The writing of the American Constitution », *in* J.-P. MARBASCH, E. KATZ, T.-E. SMITH, Ed., *Federalism in America*, Greenwood Press, 2005.

– MARCHAND M.-J.

– « La redistribution des ressources publiques entre régions : légitimité, efficacité », *Annuaire des collectivités locales,* 1999, volume XIX, p. 39-60.

– MUZELLEC J.

– « De la péréquation financière du département », *in* : *Liberté de gestion des collectivités territoriales. Vérité ou illusion*, Economica, 1993, Paris, p. 123.

– « La péréquation financière entre les collectivités territoriales : perspective et réalités », *RFDA,* n° 5, 1995, p. 923-935.

– PINOTEAU A.

– « Baisse de la dépense publique locale : les collectivités pourront-elles infléchir le tournant de la rigueur ? », *RFFP*, 2014, n° 128, p. 177.

– PRETOT X.

– « Libre administration des collectivités territoriales et solidarité nationale », *RDSS*, 1991, p. 639.

– QUEVIT M.

– « La solidarité territoriale entre la Flandre et la Wallonie : les fondements économiques, politiques et culturels de la problématique », 2011, *Presses de l'ISMEA*, p. 1927-1966.

– RAYMOND P.

– « De nouvelles relations financières et institutionnelles entre la France et les Territoires sous l'impulsion de la programmation financière européenne 2014-2020 », *RFFP*, n° 125, février 2014, p. 85-98.

– SPAHN P.-B.

– « Les partages de ressources entre l'État et les collectivités secondaires : le cas de la République fédérale d'Allemagne », *RFAP*, n° 144, 2012, p. 1076.

– STECKEL-ASSOUÈRE M.-Ch.
  – « Le partage des compétences financières entre l'État et les collectivités territoriales dans les constitutions des pays membres de l'Union européenne », *RFFP*, 2013, n° 121, p. 63-82.
– UHALDEBORDE J.-M.
  – « 1966-1995 : Les "trente laborieuses" de la péréquation territoriale en France », *in* : *La péréquation financière entre les collectivités locales*, PUF, 1996, p. 17.
– VERPEAUX M.
  – « "Une réforme" ou "la" réforme des collectivités territoriales ? », *RFDA*, mars-avril 2010, p. 226.
  – « Compétence des collectivités territoriales et respect de leur autonomie financière », *AJDA*, 7 février 2011, p. 218 et s.

Rapports

– ASSOCIATION DES COMMUNAUTÉS URBAINES DE FRANCE (ACUF)
  – ACUF, *Solidarité et communautés urbaines – État des lieux et prospective*, 2013, POLERE C., PANASSIER C.
  – *Focus (Finances observatoire des communautés urbaines)*, juin 2010, p. 3.
– COUR DES COMPTES
  – *L'intercommunalité en France*, 2005, p. 107.
  – *Bilan d'étape de l'intercommunalité en France*, 2009, p. 240.
  – *Rapport annuel 2009*, p. 274 et s.
  – *La conduite par l'État de la décentralisation*, 2009, 167 p.
  – Conseil des prélèvements obligatoires, *La fiscalité locale*, 2010, p. 488.
  – *La politique de la ville. Une décennie de réformes*, juin 2012.
  – *Les finances publiques locales*, octobre 2013.
  – *Les finances publiques locales*, octobre 2014.
– DIRECTION DE LA RECHERCHE, DES ÉTUDES, DE L'ÉVALUATION DES STATISTIQUES (DREES)
  – *Les disparités départementales en matière sociale*, n° 602, octobre 2007, par J. MAUGUIN, p. 7.
– INSPECTION GÉNÉRALE DES AFFAIRES SOCIALES (IGAS)
  – *Les politiques sociales décentralisées pour l'année 2007-2008*, 2008.

- INSPECTION GÉNÉRALE DES FINANCES (IGF)
  - *Les règles conventionnelles de répartition de la cotisation sur la valeur ajoutée des entreprises*, juin 2014.
  - *Pour un redressement des finances publiques fonde sur la confiance mutuelle et l'engagement de chacun*, MALVY M. et LAMBERT A., avril 2014.
  - *Enjeux et réformes de la péréquation financière des collectivités territoriales*, juin 2013
  - *Évaluation des effets de la réforme de la taxe professionnelle sur la fiscalité des collectivités locales et sur les entreprises*, Inspection générale des finances et inspection générale de l'administration, mai 2010, annexe VI, p. 432. *Les finances publiques locales*, DURIEUX-SUBREMON, octobre 2013, p. 38.
- INSTITUT NATIONAL DE LA STATISTIQUE ET DES ÉTUDES ÉCONOMIQUES (INSEE)
  - DUEE M. et REBILLARD C., *La dépendance des personnes âgées : une projection en 2040*, Données sociales, La société française, édition 2006.
- OBSERVATOIRE NATIONAL DE L'ACTION SOCIALE DÉCENTRALISÉE (ODAS)
  - *Les dépenses départementales d'action sociale en 2012 : un inquiétant effet de ciseaux*, juin 2013. *Finances départementales*, juin 2012.
- DIVERS
  - *Rapport du Gouvernement relatif au fonds de péréquation des recettes fiscales intercommunales et communales (FPIC) créé en application de l'article 125 de la loi de finances pour 2011*, septembre 2011.
  - *Rapport du Gouvernement relatif au fonds de péréquation des fiscales intercommunales et communales (FPIC) créé en application de l'article 125 de la loi de finances pour 2011*, septembre 2012.
  - *Rapport à Monsieur le Premier Ministre sur les finances départementales*, JAMET P., 20 avril 2010.
- *Vers l'égalité des territoires – Dynamiques, mesures, politiques,* dirigé par LAURENT É., 2013.
- *Rapport Pupponi, Rapport de la mission « Péréquation et politique de la ville »*, juin 2013, p. 8.

- MINISTÈRE DE LA RÉFORME DE L'ÉTAT, DE LA DÉCENTRALISATION ET DE LA FONCTION PUBLIQUE, *Rapport évaluant les effets péréquateurs des dotations de péréquation verticale et du fonds de solidarité des communes de la région d'Île-de-France (FSRIF)*, octobre 2012.
- WAHL T., *Rapport relatif à la création d'un commissariat général à l'égalité des territoires*, février 2013, p. 54.
- CONSEIL DES IMPÔTS, X[e] rapport consacré à la fiscalité locale, 1989.

Divers

- *Pour un plan national d'aménagement du territoire*, Communication en Conseil des ministres, février 1950, *in* : DIACT, *40 ans d'aménagement du territoire*, La Documentation française, 3e éd., 2006, p. 10.
- NICOT BH. et PRUD'HOMME R., *L'impact des subventions aux collectivités locales sur l'aménagement du territoire*, Rapport à la DATAR, OEIL-IUP-UPVM, Créteil, 1994, 128 p.
- *Le système de péréquation australien*, P. LE GOFF, Division de l'économie, 31 mars 2005.
- Jaune budgétaire, *Transferts financiers de l'État vers les collectivités territoriales*, projet de loi de finances pour 2014.
- OCDE, *Intergovernmental transfers and decentralized public spending*, 2006.
- Institut économique de Montréal, *Péréquation pour une formule qui incite davantage au développement des ressources naturelles*, juin 2012, CHASSIN Y.
- *Rapport sur l'évaluation de l'efficacité de la péréquation financière entre la Confédération et les cantons – 2008-2011* (*http://www.admin.ch/ch/f/gg/pc/documents/1855/VorlageF.pdf*).

Projets de loi

- Projet de loi constitutionnelle relatif à l'organisation décentralisée de la République, n° 24 rectifié, déposé le 16 octobre 2002
- Rapport n° 27 (2002-2003) de GARREC R., fait au nom de la commission des lois, déposé le 23 octobre 2002.

– Étude d'impact du projet de loi *de programmation pour la ville et la cohésion urbaine*, n° 133, 2 août 2013.
– Étude d'impact du projet de loi sur la modernisation de l'action publique territoriale et d'affirmation des métropoles du 9 avril 2013.

Rapports parlementaires (Sénat)

– Sénat, *Rapport d'information sur la péréquation interrégionale : vers une nouvelle égalité territoriale*, n° 342, 9 juin 2004.
– Sénat, *Rapport d'information, Pour une péréquation régionale plus juste*, n° 556, 15 juillet 2009, JARLIER P.
– Sénat, *Rapport d'information sur la péréquation*, MEZARD M. et POINTEREAU M., n° 309, 23 février 2010.
– Sénat, *Rapport d'information sur la péréquation financière entre les collectivités territoriales : les choix de la commission des finances du Sénat*, 6 juillet 2011, par DALLIER P., GUENE C., JARLIER P. et MONTGOLFIER. A. DE.
– Sénat, Projet de loi de finances pour 2012 : Articles de la deuxième partie. rapport n° 107, tome III (2011-2012), annexe 23.
– Sénat, *Rapport Germain sur la proposition de loi tendant au traitement équilibré des territoires par une réforme de la DGF*, 1er octobre 2013, n° 3, p. 12.
– Sénat, *Rapport d'information sur le financement pérenne des allocations sociales de solidarité*, n° 146, décembre 2013.
– Sénat, *Rapport d'information relatif à l'évolution des finances locales à l'horizon 2017*, n° 95, 12 novembre 2014, par DALLIER P., GUENE C. et MEZARD J.

Rapports parlementaires (Assemblée nationale)

– AN, *Rapport sur l'efficacité péréquatrice des dotations versées aux collectivités territoriales*, AESCHLIMANN M., le 25 juin 2009, n° 1784.

Décisions du Conseil constitutionnel

- Cons. const., décision n° 2014-707 DC du 29 décembre 2014, *Loi de finances pour 2015*, à paraître au *Rec.*
- Cons. const., décision n° 2014-397, QPC du 6 juin 2014, *Commune de Guyancourt (Fonds de solidarité des communes de la région d'Île-de-France), JO* du 8 juin 2014, p. 9672, à paraître.
- Cons. const., décision n° 2012-255/265 QPC, 29 juin 2012, *Départements de la Seine-Saint-Denis et du Var [Fonds national de péréquation des droits de mutation à titre onéreux perçus par les départements], Rec.*, p. 315.
- Cons. const., décision n° 2011-146 QPC du 8 juillet 2011, *Département des Landes, Rec.*, p. 341.
- Cons. const., décision n° 2010-617 DC du 9 novembre 2010, *Loi portant réforme des retraites, Rec.*, p. 310.
- Cons. const., décision n° 2010-29/37 QPC, 22 septembre 2010, *Commune de Besançon et autre [Instruction CNI et passeports], Rec.*, p. 248.
- Cons. const., décision n° 2009-599 DC du 29 décembre 2009, *Loi de finances pour 2010, Rec.*, p. 218.
- Cons. const., décision n° 2004-511 DC du 29 décembre 2004, *Loi de finances pour 2005, Rec.*, p. 236.
- Cons. const., décision n° 2004-490 DC du 12 février 2004, *Loi organique portant statut d'autonomie de la Polynésie française, Rec.*, p. 60.
- Cons. const., décision n° 2003-487 DC du 18 décembre 2003, *Loi portant décentralisation en matière de revenu minimum d'insertion et créant un revenu minimum d'activité, Rec.*, p. 473.
- Cons. const., décision n° 2002-464 DC du 27 décembre 2002, *Loi de finances pour 2003, Rec.*, p. 583.
- Cons. const., décision n° 2003-474 DC du 17 juillet 2003, *Loi de programme pour l'outre-mer, Rec.*, p. 389.
- Cons. const., décision n° 98-405 DC du 29 décembre 1998, *Loi de finances pour 1999, Rec.*, p. 326.

– Cons. const., décision n° 96-387 DC du 21 janvier 1997, *Loi tendant, dans l'attente du vote de la loi instituant une prestation d'autonomie pour les personnes âgées dépendantes, à mieux répondre aux besoins des personnes âgées par l'institution d'une prestation spécifique dépendance*, *Rec.*, p. 23.

– Cons. const., décision n° 94-358 DC du 26 janvier 1995, *Loi d'orientation pour l'aménagement et le développement du territoire, Rec.*, p. 183.

– Cons. const., décision n° 91-298 DC du 24 juillet 1991, *Loi portant diverses dispositions d'ordre économique et financier, Rec.*, p. 82.

– Cons. const., décision n° 91-291 du 6 mai 1991, *Loi instituant une dotation de solidarité urbaine et un fonds de solidarité des communes de la région d'Île-de-France, réformant la dotation globale de fonctionnement des communes et des départements et modifiant le Code des communes, Rec.*, p. 40.

– Cons. const., décision n° 90-277 DC du 25 juillet 1990, *Loi relative à la révision générale des évaluations des immeubles retenus pour la détermination des bases des impôts directs locaux, Rec.*, p. 70.

– Cons. const., décision n° 81-134 DC du 5 janvier 1982, *Loi d'orientation autorisant le Gouvernement par application de l'article 38 de la Constitution, à prendre des mesures d'ordre social, Rec.*, p. 15.

Arrêts du Conseil d'État

– CE, 26 juin 1989, *Commune de Blanquefort*, req. n° 65435, mentionné *Rec.*

– CE, Assemblée, 28 mars 1997, *Société Baxter et autres, RFDA,* 1997, p. 460.

– CE, 29 mars 2000, *Commune de Faa'a*, req. n° 176777.

– CAA Paris, 9 octobre 2007, *Préfet du Val-de-Marne*, req. n° 05PA04894.

– CAA Paris, 7 novembre 2011, n° 09PA01095.

– CE, 4 avril 2012, *Département de la Seine-Saint-Denis*, req. n° 356633, *AJDA* 2012, p. 793.

– CE, 21 mai 2012, *Département du Var*, req. n° 358261, *AJDA* 2012, p. 1038.

– CE, 21 septembre 2012, n° 360602.

– CE, 17 septembre 2013, req. n° 370023.

Table des documents

Table des matières

PARTIE II

Les niveaux et instruments de la péréquation

Questions juridiques
aux éditions L'Harmattan

Dernières parutions

DIVORCE (LE) DU CHEF D'ENTREPRISE
Artiste, libéral, artisan, commerçant, actionnaire
Se marier, payer, divorcer
Rond Patrice
Patrice Rond, expert financier auprès des tribunaux, donne dans cet ouvrage les clés incontournables qui permettent à un entrepreneur, quel qu'il soit, d'anticiper sur ses droits et ses risques en cas de divorce. Prendre les bonnes décisions de protection de son patrimoine en choisissant les bons contrats de mariage, savoir changer de régime matrimonial quand il s'avère inadapté est tout à fait possible et souhaitable.
(16.50 euros, 158 p.)
ISBN : 978-2-343-05282-3, ISBN EBOOK : 978-2-336-36540-4

L'EXPERTISE NON JUDICIAIRE À L'AUNE DES DROITS FONDAMENTAUX
Goujon-Bethan Thibault
L'expertise déjudiciarisée est en plein essor, d'une part parce que l'avis d'experts se révèle indispensable dans un nombre croissant de matières juridiques irriguées par la technique (construction, dommage corporel), et d'autre part, car la recherche d'une efficacité économique conduit à minimiser le recours au juge. Cet ouvrage est conçu comme un mode d'emploi pour aider à la décision.
(Coll. Droit privé et sciences criminelles, 21.00 euros, 196 p.)
ISBN : 978-2-343-05335-6, ISBN EBOOK : 978-2-336-36778-1

TRANSPARENCE (LA) FINANCIÈRE DES ÉLUS POLITIQUES FRANÇAIS
Les conséquences des mesures législatives de 2013
Cael Céline - Préface de Sébastien Jakubowski ; postface de Pierre-Yves Néron
Cet ouvrage veut étudier les apports des lois et dispositifs mis en œuvre pour lutter contre la corruption depuis l'affaire Cahuzac, avec notamment la mise en place d'une haute Autorité pour la Transparence de la Vie Publique, le durcissement des conditions d'éligibilité, l'encadrement du *lobbying*, la naissance d'un procureur financier,... L'auteur analyse les conséquences de ces mesures et rend compte à l'aide d'entretiens d'élus politiques, des résistances de ces derniers à une publicité financière envers les citoyens.
(Coll. Logiques sociales, 21.00 euros, 214 p.)
ISBN : 978-2-343-05013-3, ISBN EBOOK : 978-2-336-36817-7

QUI A PEUR DE LA NOUVELLE PEINE SANS PRISON ?
Ajouter du «lien» et non du «rang» pour réussir la contrainte pénale et en finir avec la récidive
Delamotte Danielle
La contrainte pénale, nouvelle peine sans prison, fait peur. Car, ce qu'on retient d'elle, c'est qu'elle évite la prison. Le sujet est pourtant plus complexe et plus nuancé. Les psychologues et les criminologues s'accordent à dire que la délinquance est la maladie du lien. Pour soigner cette maladie, il faut s'intéresser à la personne et la placer au centre de la réflexion pour envisager la «contrainte pénale» sous un autre angle.
(11.50 euros, 86 p.)
ISBN : 978-2-343-04717-1, ISBN EBOOK : 978-2-336-36487-2

JUSTICE (LA) PÉNALE INTERNATIONALE EN AFRIQUE
Aspects juridiques, défis et perspectives
Diakité Kémoko - Préface du professeur Alioune Sall
Cet ouvrage met en exergue le contexte de création ainsi que les aspects juridiques et judiciaires des juridictions pénales internationales en Afrique, notamment le TPIR (Tribunal Pénal International pour le Rwanda), la CPI (Cour Pénale Internationale)... Il montre également les défis et les perspectives de la Justice pénale internationale en Afrique.
(23.00 euros, 234 p.)
ISBN : 978-2-343-05050-8, ISBN EBOOK : 978-2-336-36705-7

GOUVERNANCE, ENJEUX ET MONDIALISATION
Recherche sur les politiques environnementales de zonage maritime
Le challenge maritime de la France de Méditerranée et d'Outre-mer
Sous la direction de François Féral et Bernard Salvat
Dans le Pacifique et l'Océan Indien, la France ne participe pas très activement au mouvement de création d'aires marines protégées géantes alors que les possibilités y sont grandes. En métropole et Outre-mer, la mise en place des parcs naturels marins apparaît laborieuse. Le programme Gouvernance des Grandes Aires Marines Protégées a donné l'occasion à deux équipes de se pencher sur ce phénomène institutionnel majeur dans la conduite globale des politiques de protection des mers et des océans.
(23.00 euros, 218 p.)
ISBN : 978-2-343-04160-5, ISBN EBOOK : 978-2-336-36489-6

COLLECTIVITÉS TERRITORIALES ET ORGANISATIONS RÉGIONALES
De l'indifférence à l'interaction
Sous la direction de Danielle Perrot
Cet ouvrage traite des modes d'insertion des collectivités territoriales dans des organisations internationales conçues par leurs États de rattachement dans diverses régions du monde. Ces collectivités, ou «entités infra-étatiques» selon le droit international, sont souvent oubliées lors des débuts de ces constructions régionales. Elles tentent d'obtenir d'être représentées, et leur participation peut générer une interaction moins inégalitaire.
(Coll. Grale, 47.00 euros, 488 p.)
ISBN : 978-2-343-05111-6, ISBN EBOOK : 978-2-336-36639-5

ÉTHIQUE (L') DE L'AVOCAT PÉNALISTE
Rude-Antoine Edwige
Préface de Jean Danet
L'avocat est représenté, dans la fiction, sous les traits d'un être ambigu, sans cesse sur le fil... ce livre tente d'en approcher la réalité, qui est tout autre. Quelles relations d'ordre éthique l'avocat entretient-il avec lui-même mais aussi avec l'autre : son client, qu'il soit prévenu ou accusé, les jurés, les magistrats ? Peut-on parler du rapport de l'avocat à la vérité ? Comment peut-il construire des lignes de défense tout en restant partenaire de justice ?
(Coll. Éthique en contextes, 21.00 euros, 208 p.)
ISBN : 978-2-343-05222-9, ISBN EBOOK : 978-2-336-36460-5

NAISSANCE DE L'OBSERVATOIRE DE LA RÉCIDIVE ET DE LA DÉSISTANCE
Un long processus inachevé
Tournier Pierre V.
L'analyse de la récidive aurait logiquement dû relever de la compétence de l'Observatoire national de la délinquance et des réponses pénales placé sous l'autorité du Premier ministre. Mais sous l'impulsion de Christiane Taubira le choix s'est porté sur la création d'un observatoire *ad hoc* de plus, dépendant du ministère de la Justice : l'Observatoire de la récidive et de la désistance (août 2014). Ne s'est-on pas ainsi privé des outils d'une évaluation indépendante de la loi du 15 août 2014 sur la contrainte pénale et la libération sous contrainte ?
(Coll. Criminologie, 19.00 euros, 184 p.)
ISBN : 978-2-343-05118-5, ISBN EBOOK : 978-2-336-36387-5

ÉLÉMENTS DE PRÉVENTION DU CRIME
Lemaître André
Cet ouvrage montre la diversité des modèles de prévention de la délinquance, leur spécificité mais aussi leur nécessaire complémentarité. Il insiste également sur l'obligation de veiller aux aspects éthiques des politiques de prévention mises en place. En effet, l'utopie d'une société débarrassée de toute forme de criminalité contient la disparition de toute liberté.
(Coll. Sciences criminelles, série Controverses, 15.50 euros, 160 p.)
ISBN : 978-2-343-04666-2, ISBN EBOOK : 978-2-336-36324-0

SEXUALITÉ (LA) À L'ÉPREUVE DU COUPLE
Les révélations d'une avocate
Dalbin Agnès
Dans la majorité des divorces, les difficultés d'ordre sexuel sont souvent pointées du doigt comme une cause majeure de la rupture. S'appuyant sur les confidences recueillies lors de ses entretiens avec les couples qui divorcent, l'avocate Agnès Dalbin tente d'apporter son éclairage personnel sur cette problématique. Ce livre évolue comme une véritable histoire humaine, du mariage au divorce, en passant par la parentalité et l'après-divorce.
(Coll. La justice au quotidien, 13.50 euros, 118 p.)
ISBN : 978-2-343-04938-0, ISBN EBOOK : 978-2-336-36399-8

DROIT (LE) DU HANDICAP ET LA GESTION DU PATRIMOINE CULTUREL
Vers un modèle européen ?
B. Degros Eric
La rencontre entre le droit du handicap et le droit du patrimoine peut conduire à une confrontation d'intérêts contradictoires, nécessitant de trouver un équilibre entre le principe de l'accessibilité et le respect de l'authenticité, en faveur d'une conservation durable du patrimoine culturel. Il apparaît essentiel de trouver un équilibre entre «le droit des gens» et celui «des pierres».
(40.00 euros, 424 p.)
ISBN : 978-2-343-04418-7, ISBN EBOOK : 978-2-336-36269-4

DROIT BANCAIRE ISLAMIQUE
Notions, mécanismes et protections pénales
Jafari Amin
Conçu comme un manuel de droit, l'ouvrage étudie trois thèmes principaux : la notion de finance islamique et son fonctionnement, les instruments bancaires islamiques et enfin la protection du système bancaire dans l'ensemble de ses instruments et fonctionnements. La 3e partie propose un regard classique de droit pénal des affaires en matière de droit bancaire de finance islamique. Les branches chiite et sunnite de la finance islamique ont été distinguées dès le départ, permettant ainsi une comparaison tout au long du livre.
(Coll. Sciences criminelles, 33.00 euros, 326 p.)
ISBN : 978-2-343-04637-2, ISBN EBOOK : 978-2-336-36380-6

DROIT (LE) INTERNATIONAL. ASPECTS POLITIQUES (Volume 1)
Sous la direction de Jacques Bouineau
Textes réunis par Burt Kasparian
Ces contributions invitent à réfléchir sur la recomposition contemporaine de l'espace méditerranéen et sur le droit international qui s'y applique, à partir d'exemples tirés des plus grandes civilisations méditerranéennes aux époques antique et médiévale. Elles invitent le lecteur à s'interroger sur les piliers de la Méditerranée dans le jeu des relations entre les hommes et les institutions, et à découvrir l'essence des réponses juridiques et politiques.
(Coll. Méditerranées, 16.50 euros, 158 p.)
ISBN : 978-2-343-04661-7, ISBN EBOOK : 978-2-336-36366-0

DROIT (LE) INTERNATIONAL. ASPECTS POLITIQUES (Volume 2)
Sous la direction de Jacques Bouineau
Textes réunis par Burt Kasparian
Ce volume offre une réflexion sur la recomposition de l'espace méditerranéen contemporain à partir de l'histoire ou de l'actualité. L'histoire est traitée de la période qui s'étend de la Renaissance à la fin du XIXe siècle. En ce qui concerne l'actualité, le jeu des emprunts et des modèles juridiques transparaît aussi bien dans la fiscalité internationale actuelle que dans les transpositions constitutionnelles du droit français en Égypte ou dans l'observation du fonctionnement de l'Europe.
(Coll. Méditerranées, 19.00 euros, 184 p.)
ISBN : 978-2-336-30904-0, ISBN EBOOK : 978-2-336-36367-7

L'HARMATTAN ITALIA
Via Degli Artisti 15; 10124 Torino

L'HARMATTAN HONGRIE
Könyvesbolt ; Kossuth L. u. 14-16
1053 Budapest

L'HARMATTAN KINSHASA
185, avenue Nyangwe
Commune de Lingwala
Kinshasa, R.D. Congo
(00243) 998697603 ou (00243) 999229662

L'HARMATTAN CONGO
67, av. E. P. Lumumba
Bât. – Congo Pharmacie (Bib. Nat.)
BP2874 Brazzaville
harmattan.congo@yahoo.fr

L'HARMATTAN GUINÉE
Almamya Rue KA 028, en face
du restaurant Le Cèdre
OKB agency BP 3470 Conakry
(00224) 657 20 85 08 / 664 28 91 96
harmattanguinee@yahoo.fr

L'HARMATTAN MALI
Rue 73, Porte 536, Niamakoro,
Cité Unicef, Bamako
Tél. 00 (223) 20205724 / +(223) 76378082
poudiougopaul@yahoo.fr
pp.harmattan@gmail.com

L'HARMATTAN CAMEROUN
BP 11486
Face à la SNI, immeuble Don Bosco
Yaoundé
(00237) 99 76 61 66
harmattancam@yahoo.fr

L'HARMATTAN CÔTE D'IVOIRE
Résidence Karl / cité des arts
Abidjan-Cocody 03 BP 1588 Abidjan 03
(00225) 05 77 87 31
etien_nda@yahoo.fr

L'HARMATTAN BURKINA
Penou Achille Some
Ouagadougou
(+226) 70 26 88 27

L'HARMATTAN SÉNÉGAL
10 VDN en face Mermoz, après le pont de Fann
BP 45034 Dakar Fann
33 825 98 58 / 33 860 9858
senharmattan@gmail.com / senlibraire@gmail.com
www.harmattansenegal.com

L'HARMATTAN BÉNIN
ISOR-BENIN
01 BP 359 COTONOU-RP
Quartier Gbèdjromèdé,
Rue Agbélenco, Lot 1247 I
Tél : 00 229 21 32 53 79
christian_dablaka123@yahoo.fr

Achevé d'imprimer par Corlet Numérique - 14110 Condé-sur-Noireau
N° d'Imprimeur : 117539 - Dépôt légal : avril 2015 - *Imprimé en France*

www.ingramcontent.com/pod-product-compliance
Lightning Source LLC
LaVergne TN
LVHW011303061026
849535LV00005B/1374